Gisela Walter

Von Kindern selbstgemacht

Allererstes Basteln mit Lust, Spiel und Spaß
im Kindergarten und zu Hause

Illustrationen von Vanessa Paulzen

Ökotopia Verlag, Münster

Impressum

Autorin: Gisela Walter
Illustrationen: Vanessa Paulzen
Lektorat: Martina Kroth
Satz: Studio Bandur, Idstein-Wörsdorf
ISBN: 3-931902-84-6

1 2 3 4 5 6 7 · 07 06 05 04 03 02 01

• • • • • •

Meinem Patensohn Till, der die Rezepte dieses Buches ausprobierte und viele praktische Tipps dazu hatte; und meinem Freund und Kunstprofessor Rudi, der mir zeigte, die Kunst mit den Augen der Kinder zu sehen und zu verstehen.

• • • • • •

Inhalt

Das Bastelbuch mit vielen Besonderheiten

Dieses Buch stellt Ihnen grundlegende Bastel- und Handwerkstechniken vor, die Kinder spannend finden und am liebsten alleine und selber machen wollen, z. B. Kleben, Rühren, Falten, Verknoten, Schneiden und Hämmern.

„Selbst gemacht" werden Sie im Text immer wieder lesen: Es sind die Rezepte für Materialien, die Kinder zwar kaufen können, aber selbst gemacht viel interessanter sind, z. B. Klebstoff, Knete, Malkreiden, Fingerfarben und Stempel. Und selber machen können die Kinder viele *Spielzeuge*, z. B. Murmelbahn, Schmuseteddy, Papierflieger, Vulkane und Kasperletheater.

Zu jedem Spielzeug gibt es *Spielideen*, damit die Kinder nach der Bastel-Arbeit gleich das Spiel-Vergnügen haben!

Die Texte mit den Überschriften *Erst mal ausprobieren* und *Weitere Experimente* beschreiben einfache Spiele, bei denen die Kinder unkompliziert und mit allen Sinnen ihre ersten Erfahrungen mit dem Material, dem Handwerkszeug oder der Basteltechnik machen, dabei die erforderlichen Fingerfertigkeiten üben und ihr handwerkliches Geschick erproben. Diese Spiele wecken kindliche Neugierde und fordern den kreativen Erfindergeist heraus.

Weitere Besonderheiten in diesem Bastelbuch sind die *pädagogischen Kommentare* für den gelassen-heiteren Blick auf die kleinen Bastelkinder, die ja so ein sinnliches Vergnügen beim Basteln haben und z. B. erst ganz viel kleben, kleckern, schmieren, patschen und drauf los hämmern wollen, bevor es mit einer neuen Bastelarbeit weitergeht.

Zusätzlich finden Sie immer wieder *methodische Anregungen* für das Basteln mit der Kindergruppe und interessante *handwerkliche Tricks*, z. B. wie nützlich ein Pappstreifen ist, um beim Hämmern einen Nagel festzuhalten oder beim Einfädeln einen Faden durch ein Nadelöhr zu schieben.

Ich wünsche Ihnen, dass Sie beim Schmökern diese Bastelbuches viel Spaß haben und die Lektüre in Ihnen Lust und Laune weckt, mit Ihren Kindern gleiches erleben, basteln und spielen zu wollen.

Gisela Walter

Kleben und Kleistern

Kleben ist für die Kinder eine höchst interessante Sache: Da gibt es eine glitschige Masse, diese verteilen sie zum Beispiel auf Papier, drücken ein anderes Papier darauf, und nach kurzer Zeit halten die beiden Papiere fest zusammen. Zauberei? Nein, einfache Kleberei! Und genau das macht den Kindern Riesenspaß: einfach viele Papiere aufeinander zu kleben. Wie spannend ist auch der Moment, wenn sie überprüfen, ob das Klebezeug wirklich hält.

Die Neugierde ist geweckt und die Kinder genießen mit allen Sinnen ihr Klebespiel.
Wollen Sie nicht auch mitspielen? Oder wenigstens mit Ihren Fragen diese lustvolle Freude unterstützen: Wie schwer wird so ein gepappter Pappberg? Ob er auseinander bricht, wenn man ihn in beide Hände nimmt? Und wie interessant das geklebte Kunstwerk riecht!

Und damit die Kinder wirklich gefahrlos mit einem Klebstoff pappen und spielen und auch daran riechen können, ist hier ein Klebstoff-Rezept beschrieben, das alle zufrieden stellen wird: die Kinder, weil sie einen großen Topf voll Klebstoff zur Verfügung haben werden und immer wieder neuen anrühren können, und die Erwachsenen, weil der Kleb nicht giftig ist und einfach weg- oder herausgewaschen werden kann.

Kleister-Kleb selbst gemacht

Bei der Herstellung dieses Klebstoffes machen die Kinder natürlich mit. Dann wissen sie auch, aus was ihre Klebmasse besteht.

Material:
Kleisterpulver
Wasser
Rührstab
Glasbehälter mit Deckel

Das Glas zu gleichen Teilen mit Kleisterpulver und Wasser auffüllen und gut verrühren, bis ein Klebebrei entsteht.
Soll der Kleber dickflüssig oder dünnflüssig sein? Das können die Kinder mit mehr Wasser oder zusätzlichem Kleisterpulver entsprechend regulieren und hängt davon ab, was sie kleben möchten, z. B. dicke Pappe oder dünnes Papier.
Der Kleister-Kleb hält übrigens monatelang, wenn er dicht verschlossen aufbewahrt wird. Sie können auch später noch einmal Wasser oder Kleister unterrühren.

Papiersammelkiste

So eine Papiersammelkiste hat sich in vielen Kindergärten bestens bewährt:
Gesammelt werden Papiere aller Art, also z. B. Geschenkpapiere, Packpapiere, Kalenderblätter, Prospektblätter, Poster, Schreibpapiere, Briefpapiere, Formulare, Bonbonpapiere und Schokoladenpapiere.
Die Kinder werden darin begeistert wühlen und sich immer wieder neue Papiere für ihre Bastelsachen aussuchen.
Sollte die Papierkiste mal zu toll zerwühlt sein, dann wird der Inhalt einfach ausgekippt und mit neuen Papieren gefüllt.

▶ Erst mal ausprobieren

Da steht das Glas mit dem selbstgemixten Kleister-Kleb. Und jetzt könnte das Spiel z. B. so weitergehen:

Die Kinder wollen testen, wie sich dieser Kleb anfühlt. Also tauchen sie mit der Hand hinein, beobachten interessiert, wie sich die Klebemasse mit dem Finger hochziehen lässt, dann verreiben sie die Klebepampe zwischen den Fingern, klatschen die Hände zusammen, ziehen sie wieder auseinander und schauen, wie sich der Kleb zwischen den Fingern ausdehnt, patschen mit der Klebehand auf ein Papier, ziehen die Hand wieder ab, pappen ein zweites Papier auf den Klebeklecks...

So geht es immer weiter. Die Kinder lassen ihrer Experimentierfreudigkeit freien Lauf.

Am besten wäre es, wenn der Experimentiertisch draußen im Garten steht. Eine alte Obstkiste, umgedreht und zum Basteltisch erklärt, kann hier äußerst nützlich sein. Dann braucht man noch Papas altes T-Shirt als „Arbeitskittel" und nichts kann mehr schief gehen!

Klebeberg

Haben die Kinder ihre ersten Erfahrungen mit dem herrlich glitschigen Klebestoff gemacht, dann wollen sie zur Sache gehen, also kleben, was das Zeug hält.

Material:
Kleister-Kleb
Papiere aller Art
Plastikfolie oder Stofflappen
Pinsel

Als Unterlage eignet sich ein alter Stoff oder eine Plastikfolie. Darauf entsteht der Klebeberg.

Als „Baumaterial" brauchen die Kinder viel Papier. Wie wäre es mit dem gefüllten Papierkorb, der sowieso geleert werden müsste?

Die Kinder knüllen und kleben die Papiere und verstreichen und verschmieren dabei den Kleb mit Fingern, Händen oder Pinseln.

Zum Schluss streichen sie den Papierberg ganz mit Kleb ein und drücken ein besonders schönes Papier rundum auf.

Fertig ist das Prachtstück!

Murmelbahn

Material:
Klebstoff
Klebeberg
Papprollen

Zuerst streichen die Kinder eine Klebespur an einer Papprolle entlang, dann drücken sie die Rolle mit der Klebeseite auf den Klebeberg.

So werden alle Rollen in einer Schneckenlinie rund um den Papierberg geklebt, und zwar so, dass dann eine Murmel beim Herunterkullern von einer Rolle in die andere fallen kann.

Aufkleben

Aufkleben ist kinderleicht, und dennoch macht erst die Übung den Meister, wenn es darum geht, etwas glatt oder auf Kante oder an den richtigen Platz zu kleben. Diese Fertigkeiten sind für Kinderhände anfangs nicht so einfach, vor allem wenn dann noch Ungeduld mit ins Spiel kommt! Deshalb sind einfache Bastelarbeiten, wie sie im Folgenden beschrieben sind, das beste Übungsfeld für Unruhegeister mit Tapshänden. Das Basteln geht schnell und die Kinder können auch gleich damit spielen.

Übrigens, Kinder nehmen anfangs viel zu viel Kleb und schmieren und pappen begeistert einfach drauf los. Kein Problem, es sollte nur genügend Kleb bereit stehen. Und wie bereits gesagt, die Kleister-Klebekleckse lassen sich von Händen und Fußboden problemlos wieder wegwischen. Es wäre also gut, wenn Sie diese Klebeschmiererei einfach aushalten könnten, bis die Kinder selbst darauf kommen, dass der Kleb schneller trocknet, wenn er nicht so dick aufgetragen wird, und dass es schöner aussieht, wenn die aufgeklebten Bilder nicht so klebverschmiert sind.

Wunschbilderbogen

„Ich wünsche mir einen Rennwagen, eine Barbiepuppe, einen großen Eisbär als Schmusetier, Schokoladenkuchen, einen Fußball, eine Trompete, neue Wachsmalstifte…"
Ja, Kinderwunschzettel können endlos lang sein, davon wissen Nikolaus und Osterhase zu berichten. Wie wäre es, einmal ein großes Wunschbildposter zu basteln?

Material:
Zeitschriften
Prospekte
Schere
Kleister-Kleb
großer Papierbogen

Alle Sachen, die das Kind gerne hätte, schneidet (*Wer kann's?*, S. 69) oder reißt es aus den Zeitschriften heraus und klebt sie auf. Dabei können die Bilder kreuz und quer und auch übereinander geklebt werden, das ist nicht so wichtig.

Suchbild

Material:
Bilder aus Zeitschriften und Prospekten
großer Papierbogen oder Tapetenrest
Klebstoff
Schere

Die Kinder schneiden oder reißen Bilder aus den Zeitschriften und kleben sie dicht nebeneinander auf den Papierbogen.

Schon kann das Spiel beginnen:
Ein Kind sucht sich ein Bildmotiv aus, beschreibt dieses und die andern schauen, suchen und raten, welches Bild gemeint ist.

Klebebilder

...mit Konfetti

Material:
Konfetti
Kleister-Kleb
Papier

Die Kinder streichen ein schönes Blatt Papier mit Kleister ein und lassen Konfetti darüber rieseln. Das gefällt vor allem den Kleinen, denn das Bild sieht herrlich bunt aus!
Wer als Untergrund Transparentpapier nimmt, kann sein Konfettibild an ein Fenster hängen und die Sonne durch den bunten Konfettiregen scheinen lassen.

...mit Stoff

Material:
Stoffreste
Schere
Kleister-Kleb
Papier

Sind die Stoffe mit Sternen, Blumen, Wolken, Teddys oder anderen Spielsachen bedruckt? Prima!
Die Motive einfach ausschneiden (*Wer kann's?*, S. 70), auf einem Blatt Papier zu einem Bild zusammenstellen und aufkleben.

Einkleben

Klebespaß

Ja, das ist wirklich ein Spaß: Da sitzen Löwen auf der Wolke, im Bett sitzt ein Osterhase, auf dem Hochhaus tanzen Kinder und Hund und Katze fahren miteinander im Auto spazieren. Wie das? Es sind Fotobilder aus Zeitschriften, in die andere Bildmotive eingeklebt sind, und deshalb kann wirklich mitten im Garten auch mal ein Elefant stehen!

Material:
Zeitschriften
Schere
Kleister-Kleb
Papierbogen

Die Kinder wählen zuerst ein großes Bild als Untergrund aus, kleben dieses auf den Papierbogen und suchen dann nach weiteren lustigen Bildern, mit denen sie ein Spaßbild kleben können.

Klebegeschichte

Wenn Sie Spaß an verrückten Phantasiegeschichten haben, dann könnten Sie den Kindern auf diese spannende Art zeigen, wie ein Geschichtenbild entsteht.

Material:
Zeitschriften
Schere
Kleister-Kleb

Also, Sie sitzen am Basteltisch, blättern in einer Zeitschrift, suchen nach einem großen Bild. Wenn Sie z. B. das Bild eines Gartens nehmen wollen, könnte Ihre Geschichte wie folgt beginnen:

„Als ich gestern nach Hause ging, kam ich an einem Garten vorbei…"

Und nun beschreiben Sie den Garten, genauer gesagt das Bild. Dann blättern Sie weiter und suchen nach einem Bildmotiv, das Sie als nächstes in das Gartenbild kleben wollen. Gleichzeitig plaudern Sie weiter, z. B. so:

„Ich blieb stehen und schaute alles an…"

Wenn Sie ein passendes Bild gefunden haben, vielleicht einen Elefanten, dann schneiden Sie ihn aus, kleben ihn in Ihr Gartenbild und erzählen gleichzeitig weiter:

„Da sah ich plötzlich einen Elefanten…"

So geht es immer weiter: Sie schneiden Bilder aus, kleben diese in das Geschichtenbild und erfinden dazu eine passende Fortsetzung für Ihre Geschichte. Da können die tollsten Dinge passieren!
Wetten, dass danach die kleinen Zuhörer auch gleich eine Klebegeschichte erfinden wollen!

Überkleben

Nachdem die Kinder genug Klebeerfahrung gesammelt haben (siehe vorhergehende Seiten), können sie sich auch an eine größere Klebe-Bastelei heranwagen. Dazu ein paar Ideen:

Teddyhaus

Wenn Teddys (S. 126) oder andere Kuscheltiere endlich ihr eigenes Zuhause haben wollen, dann kommt diese Bastelarbeit gerade recht.

Material:
große Verpackungs- oder Umzugskiste
Zeitschriften
Kleister-Kleb
Pinsel

Der Karton wird auf einer Seite aufgeschnitten – das ist die einzige Arbeit, die Sie machen sollten, den Rest erledigen die Kinder selber und mit größtem Vergnügen:

Sie reißen aus Zeitschriften Seiten heraus, verschmieren diese mit Kleister-Kleb und kleben sie außen auf den Karton, rundum. Es macht wirklich nichts, wenn die Papiere schief und faltig aufgeklebt sind.

Klar, dass die Kinder den Kleister zuerst wieder mit den Händen verstreichen wollen, das ist so schön glitschig. Warum nicht? Wer dann genug davon hat, wäscht seine Hände, nimmt einen dicken Pinsel und macht damit weiter.

Nach getaner Arbeit heißt es, Geduld zu haben, denn es dauert ein paar Stunden, bis der Kleister getrocknet ist – und trocken sollte das aufgeklebte Papier schon sein, bevor die Teddys mit ihren Schmusekissen in ihr neues Haus einziehen.

Aus alt mach neu!

Haben die Kinder den Umgang mit Kleisterpapier einmal richtig ausprobiert, werden sie sicher viele Dinge farbenfroh überkleben wollen.

Dazu ein paar Ideen:

- Aus einem alten Wäschekorb, mit glitzerndem Papier bekleistert, wird eine prächtige Theaterkiste für Kostüme und Requisiten.
- Aus einem alten Bilderrahmen, mit knallbunten Servietten bekleistert, wird ein moderner Rahmen für die Fotos vom letzten Kinderfest.
- Aus einem alten Regenschirm, mit Regenbogenpapier bekleistert, wird ein phantasievoller Raumschmuck.
- Aus einer Schuhschachtel, mit Kalenderpapier bekleistert, wird eine echte Schatzkiste.

Kleisterpapierfiguren

Mit dieser Basteltechnik können die Kinder sowohl kleine Figuren als auch riesengroße Modelle bauen. Ein Vorteil dabei ist, dass die Bastelmaterialien einfach, billig und überall reichlich vorhanden sind: Kleister, Papiere und Kartons.

Roboter-Riese

Weil es eine Riesenarbeit ist, bis dieser Riese fertig ist, können viele Kinder mitmachen: So geht es schneller und macht Riesenspaß!

Material:
mehrere Schachteln und Pappröhren
Kleister-Kleb
Klebeband
Zeitungspapier
silberfarbenes Krepppapier
Buntpapier
Sand

Mannshoch soll der Roboter werden, deshalb türmen und kleben die Kinder die unterschiedlichsten Schachteln übereinander.

Ein Trick, damit der Riese gut steht: Die Schachteln für die Füße mit Sand füllen, zukleben und dann erst weiterbauen: die langen Beine, darauf der Bauch, dann Hals und Kopf und links und rechts die Arme und Hände.

Jetzt steht der Schachtelkerl noch etwas wackelig. Aber das ändert sich, wenn die Kinder die Figur mit Kleisterpapier bekleben. Dazu streichen sie Zeitungspapierstücke mit Kleister-Kleb ein und pappen es kreuz und quer über die Schachteln, vor allem über die Zwischenräume. Mit mindestens drei Lagen Kleisterpapier sollte der Roboter eingepackt werden.

Dann muß der Riese drei Tage oder länger gut durchtrocknen. Ob die Kinder das aushalten?

Erst dann bekommt der Roboter sein glänzendes Aussehen: Das silberfarbene Krepppapier in große Stücke reißen, mit Kleister einstreichen und rundum aufkleben.

Aus Buntpapier Augen, Nase und Mund ausschneiden und auf das Robotergesicht aufkleben.

Clowngesicht

*Dieser Clown macht seine besonderen Späße,
denn er kann seinen Kopf krumm und schief
halten. Ja, er hat es in sich, genauer gesagt: Er
hat Sand im Kopf und dieser Sand ist es, der
den Kopf in Balance hält.*

Material:
Luftballon
Zeitungspapier
weißes Papier
Kleister-Kleb
Sand
Farben und Pinsel
eventuell Buntpapier, Wolle, Klebstoff

Aber nun der Reihe nach:
Den Luftballon aufblasen, verknoten und mit
mindestens vier Lagen Kleisterpapier einpacken, für die letzte Lage weißes Papier nehmen. Das Trocknen dauert auch bei dieser kleinen Figur mindestens zwei Tage. Aber es lohnt
sich zu warten, bis der Papierballon trocken ist.

Ist die Wartezeit vorbei, den Papier-Ballon am
Luftballon-Knoten aufschneiden. In dieses kleine Loch Sand einfüllen, insgesamt etwa ein
Drittel des gesamten Volumens. Dann das Loch
mit weißem Kleisterpapier schließen und wieder trocknen lassen. Danach ein lustiges
Clowngesicht aufmalen. Wer will, kann dem
Clown noch einen bunten Papierhut falten
(*Wer kann's?* S. 76) und eine Papierknäuelnase
und einen Wollfaden-Haarkranz aufkleben.
Fertig ist das Clowngesicht und kann mit schie-
fem Blick vom Bücherregal herunterlachen
oder aus dem Fenster schauen und die Passan-
ten draußen auf der Straße angrinsen.

① BALLON AUFBLASEN   ② 4 LAGEN KLEISTERPAPIER   ③ AUFSCHNEIDEN   ④ SAND EINFÜLLEN   FERTIG!

Alles über Kleber

Manche Dinge lassen sich leider nicht mit dem selbstgemixten Kleister-Kleb (S. 5) zusammenkleben. Das haben die Kinder bei ihren Bastelsachen sicher längst herausgefunden. Deshalb macht es Sinn, einmal ein „Klebestudio" einzurichten, um die Kinder über die unterschiedlichen Kleber, deren Gebrauch, Nutzen und auch Gefahren zu informieren.

Im Klebestudio

Material:
verschiedene Klebstoffe in Tuben und Flaschen, auch Leim und andere Spezialkleber
Tesafilm und Klebebänder aller Art
Zum An- oder Aufkleben verschiedene kleine Dinge aus unterschiedlichen Materialien wie z. B. Holz, Glas, Ton, Porzellan, Styropor, Metall, Stein

Anfangs dürfen die Kinder nur zuschauen. Doch damit die kleinen Zuschauer dennoch aufmerksam bleiben, bauen Sie so ein „Klebestudio" auf. Das sieht ungewöhnlich aus und macht neugierig.

Das Klebestudio ist ein Tisch, rundum sind Stühle aufgestellt, so dass jedes Kind beim Sitzen ungehindert auf die Tischfläche schauen kann. Dort liegen die vielen Tuben und Flaschen Klebstoff bereit, übersichtlich und genau nebeneinander aufgebaut, ebenso die Dinge, die nachher zusammengeklebt werden sollen. Die strenge Anordnung auf dem Tisch macht Eindruck. Das ist auch der Sinn der Sache, denn damit steigen das Interesse und die Aufmerksamkeit der Kinder.

Mit gewichtiger Miene zeigen Sie den Kindern zuerst die Kleber, die gefährlich sind und nur von Erwachsenen benutzt werden dürfen. Sie erklären, dass von diesen Klebern kein Tropfen auf Finger oder Haut kommen darf, weil der Kleb so schnell trocknet und so fest klebt, dass nur noch ein Arzt im Krankenhaus helfen kann. Auch darf man den Geruch dieser giftigen Kleber nicht schnüffeln und einatmen. Während Sie dies sagen, öffnen Sie auch gleich ein Fenster, um zu demonstrieren, dass beim Kleben immer frische Luft im Raum sein soll.

Nach diesen Informationen zeigen Sie nun den Kindern die Wunderkleber und demonstrieren, wie nützlich diese sind, wenn man vorsichtig damit umgeht. Als Beispiel kleben Sie einen zerbrochenen Teller zusammen, fügen eine Glasscherbe in ein kaputtes Glas wieder ein oder zeigen, dass sogar zwei Steine und zwei Nägel zusammengeklebt werden können.

Dann gehen Sie zu den ungiftigen Klebern über. Dazu gehören z. B. Leim und Klebestoffe ohne Lösungsmittel.
Jetzt dürfen die Kinder selber Holz leimen und Pappe zusammenkleben.

Zum Schluss kommen noch die Klebestreifen und Klebefolien dran und Sie probieren mit den Kindern, für welche Klebarbeit welche Art von Klebestreifen am besten geeignet ist.

Hier zwei weitere Klebstoffe, die ebenfalls ungiftig sind und die Sie mit den Kindern zubereiten und mixen können.

Kartoffel-Kleb

Material:
eine geschälte rohe Kartoffel
Reibe
Küchentuch
Glasschüssel
Esslöffel
Wasser

Die Schüssel mit dem Küchentuch auslegen. Kartoffel auf das Tuch reiben und drei Esslöffel Wasser unterrühren. Die Masse in dem Tuch zusammendrücken und die abtropfende Flüssigkeit in der Glasschüssel auffangen.
Nach kurzer Zeit setzt sich Kartoffelstärke auf dem Boden ab. Die Flüssigkeit darüber abschütten, so dass nur noch die Klebepampe übrig bleibt.
Dieser neue Klebstoff klebt hervorragend, sollte jedoch gleich verbraucht werden.

Mehl-Papp

Material:
Mehl
Wasser
Rührlöffel
1 Eiweiß
Marmeladenglas mit Deckel

Das Marmeladenglas zur Hälfte mit Mehl füllen, nach und nach Wasser dazugießen und so lange rühren, bis der Mehlbrei dünnflüssig ist, dann das Eiweiß unterrühren – fertig.
Der Kleber hält im Kühlschrank fest verschlossen ein paar Tage. Vor jedem Gebrauch wieder aufrühren oder schütteln.

Festkleben

▶ Weitere Experimente

Material:
allerlei Krimskrams aus der Bastelkiste
verschiedene ungiftige Klebestoffe, mit denen
die Kinder selber umgehen können (siehe vorhergehende Seiten)
Klebe-Unterlagen, z. B. dicker Karton

Das Material aus der Bastelkiste wird übersicht-
lich ausgebreitet, dann geht das Experiment
los.
Die Kinder untersuchen, was ihnen in den Sinn
und unter die Hände kommt: Was klebt,
was hält, was nicht? Zum Beispiel Bonbonpapiere, Postkarten, Bierdeckel, Wolle,
Stoffreste, Lederreste, Knöpfe, Streichhölzer,
Eierschalen, Schraubverschlüsse, Wollknäuel,
Wattebällchen, Blätter, Zweige.
Wichtig dabei ist, dass die Kinder auch untereinander ihre Beobachtungen austauschen.
Und Sie bringen mit Ihren Fragen die kleinen
Forscher zum Nachdenken: Woran liegt es,
dass manches gut klebt und anderes wieder ab-
geht? Ist das Material dünn oder dick? Braucht
man dünnflüssigen oder festeren Klebstoff, damit das Material hält?
Es sind nützliche Erkenntnisse, die die Kinder
durch diese Klebeexperimente gewinnen und
beispielsweise bei den Bastelsachen, die im
Folgenden beschrieben sind,
gut verwerten
können.

Tastbild

Material:
fester Kartonbogen
Klebstoff
bunter Krimskrams wie Perlen, Korken, Trink-
röhrchen, Plastikblumen, Federn, Knöpfe,
Muscheln, Schneckenhaus, Bleistiftstummel,
Radiergummi, Glöckchen vom Schokoladen-
Osterhasen usw.

Der Karton ist der Untergrund, darauf kleben
die Kinder ein buntes Krimskramsbild mit
Knöpfen und Wollfäden und Perlenreihen und
Glitzerpapierchen und... und... und...
Wenn alles festgeklebt ist und auch wirklich
hält, geht es mit diesem Tastspiel weiter:

Tastspiel

Ein Kind schließt die Augen, ein anderes
stellt ihm eine Suchaufgabe, z. B.: „Wo ist die
Kordel?" Das Sucherkind tastet mit geschlosse-
nen Augen das Bild ab. Gefunden? Prima! Dann
tauschen die beiden ihre Rollen und eine neue
Suchaufgabe wird gestellt.

Natur-Mandala

Material:
viele Naturmaterialien
Klebstoff
Pappteller

Zuerst suchen und sammeln die Kinder viele Naturmaterialien, z. B. Ästchen, Blätter, Gräser, Blüten, Steinchen, Eicheln, je nach Jahreszeit. Diese Naturschätze werden auf Papptellern zu einem Mandala angeordnet. Sind die Künstler mit ihren Bildern zufrieden, kleben sie alles fest.

Schachtelburg

Material:
viele unterschiedliche Schachteln
bunter Krimskrams
Klebstoff

Seit Tagen sammeln die Kinder große und kleine, runde und eckige Schachteln. Gut wäre, wenn die Kinder erste Klebeerfahrungen mit dickem Karton schon gemacht haben (siehe Seite 11). Dann kann es ans Werk gehen:

Zuerst überlegen die Kinder, wie die Burg aussehen soll, breit und groß oder lieber hoch und mit vielen Türmen?
Kluge Baumeister überlegen sich zuerst eine Konstruktion und probieren sie aus, ohne gleich alle Schachteln zusammenzukleben. Ungeduldige Baumeister haben mehr Spaß daran, gleich mit Kleben und Auftürmen loszulegen und kommen dabei auf originelle Lösungen. Auch das ist in Ordnung, jeder wie er kann und will!

Zum Schluss wird die Burg phantasievoll und prächtig verziert, also mit kunterbuntem Bastelkrimskrams beklebt.

Geburtstagsschloss

Diese tolle Schachtelburg kann auch ein Geburtstagsschloss z. B. für den Kindergarten werden. Dazu schneiden die Kinder in die Schachteln Türen (*Wer kann's?*, S. 70) und Sie verstecken kleine Geburtstagsgeschenke dahinter.
Ein Geburtstagskind wählt dann aus, welche Türe es öffnen will.

Adventskalender

Auch ein Adventskalender kann daraus entstehen, wird wie das Geburtstagsschloss gebaut und braucht genau 24 nummerierte Türen. Und wann diese Türchen geöffnet werden, das weiß jedes Kind!

Korkendampfer

Material:
viele Weinkorken
Klebstoff
kleine Schachteln
Papprolle
Wattebausch

Hoppla, da rollen die runden Weinkorken auf dem Tisch davon, doch wenn sie aneinander geklebt sind, halten sie fest und werden zum Schiffskörper eines Dampfers.
Kann der wirklich schwimmen? Das wollen die Kinder natürlich ausprobieren!
Dann geht der Schiffsbau weiter, mit einem aufgeklebten Schachtel-Schiffsdeck, einem Papprollen-Schornstein und Wattebausch-Qualm. Schiff Ahoi!

Sandspuren

Wie soll denn Sand auf Papier kleben? Das wollen die Kinder erst mal ausprobieren, z. B. mit diesem Experiment:

Material:
Kleister-Kleb
Pinsel
Pappe oder Fotokarton
feiner, trockener Sand

Auf die Pappe mit Pinsel oder Finger eine Kleister-Klebespur malen. Diese ist kaum zu sehen! Dann über die Pappe Sand rieseln lassen, auf und ab und in alle Ecken.
Nachdem der Kleb getrocknet ist, den Sand von der Pappe schütten – und eine Sandspur erscheint.
Wie das? Das können kleine Schlaumeier bestimmt erklären.

Meeres-Spiegel

Wer in diesen Spiegel schaut, sieht sein Gesicht von einem wunderschönen Strandbild eingerahmt – wie das Märchenland von der Meerjungfrau sieht es aus und ist doch so einfach zu basteln.

Material:
Spiegel
doppelseitig klebendes Klebeband
Kleister-Kleb
Sand
Schere
Muscheln, Schnecken, Steinchen, Glassteine, Halbedelsteine, Glasmurmeln, Glitzer- und Glasperlen

In den Kleister-Kleb Sand rieseln lassen und zwar so viel, dass die Klebemasse dickflüssig wird.

Auf den Rand des Spiegels rundum das Klebeband kleben, zwei oder drei Bahnen, je nachdem wie breit die Kinder den Spiegel verzieren möchten.

Auf diese Klebefläche den Sandkleister verteilen, wie eine kleine Stranddüne etwas anhäufeln und festdrücken.

Die Naturschätze und andere glitzernde Sachen darauf verteilen und in den Sandbrei drücken. Nicht zu dicht und nicht zu viel von den Sachen nehmen, damit der Sand die einzelnen Gegenstände gut umschließen und festkleben kann.

Wieder heißt es warten, bis der Sandkleb trocken und alles festgeklebt ist. Während dieser Zeit überlegen die Kinder, wo sie ihren Meeres-Spiegel aufhängen wollen.

Schmieren und Rühren

Schmieren und Matschen
- entspannt die Gemüter, was unruhigen Kindern gut tut,
- macht gute Laune, was aggressive Kinder besänftigt,
- fördert die feinmotorische Fertigkeit, was Kinder beim Schreibenlernen brauchen,
- unterstützt Konzentration und Ausdauer, was Kinder für schulisches Lernen benötigen,
- begeistert die Sinne, was die Lebensqualität verbessert!

Schmieren und Matschen muss sein!", sagen die Pädagogen, und manche Eltern und ErzieherInnen werden seufzen.

Also, ran an die Sache! Deshalb gibt es für diese Aktivitäten extra ein eigenes Kapitel mit Beispielen und Ideen, die nicht nur die Kinder begeistern werden, sondern vielleicht auch Sie! Was für ein Spaß wäre das für die Kinder, wenn Sie sogar mitmatschen würden!

Künstler-Plätze

Schmierkünstler brauchen eine großzügig freigeräumte Ecke im (Gruppen-) Raum und einen großen Tisch, schon können sie loslegen. Prima geeignet ist auch der Steinboden im Garten. Je größer der Platz, desto besser.

Dann können die Kinder mit großem Schwung und auf großen Papierbögen schmieren und klecksen und malen...

Künstler-Kittel

Am besten tragen die Kinder alte Kleidung, dann gibt es kein Naserümpfen über die Farbspuren im T-Shirt und ängstliche Kinder haben kein schlechtes Gewissen und können sich mutig an die Arbeit machen.

Auch Künstler-Kittel sind eine praktische Sache – genauer gesagt sind es ausgediente Hemden mit hochgekrempelten Ärmeln, die verkehrt herum angezogen werden. In diesen langen Kitteln fühlen sich die Kinder wohl.

Kleider machen eben Leute und Künstler-Kittel machen Künstler!

Kinder-Bilder-Galerie

Wenn Kinder auf großen Papierbögen nach Herzenslust mit Farben schmieren, dann entstehen dabei großartige Kunstwerke, phantasievoll und originell, wirklich vergleichbar mit großen Werken der modernen Malerei. Wie wäre es also, diese Kinder-Kunstwerke auszustellen? Vielleicht ist das Rathaus der richtige Ort für diese moderne Kinderkunst, oder die Sparkasse, die Bücherei, die Volkshochschule, eine Arztpraxis oder das Bürogebäude nebenan? Das Angebot bringt die Nachfrage; schlüpfen Sie also in die Rolle des Anbieters und nicht nur Sie werden angenehm überrascht sein!

Fingerfarben selbst gemacht

Die großen Künstler mixen ihre Farben selber. Na, das können die Kinder auch!
Als Farbe kann man Farbpulver nehmen, wie sie in Bastel- oder Papierläden zu kaufen sind, oder Lebensmittelfarben. Mit Ostereierfarben, in Wasser aufgelöst, oder selbst hergestellten Farbmixturen (*Wer kann's?*, S. 38) geht es auch.

...mit Kleister

Material:
Tapetenkleister
Wasser
Stab zum Rühren
Schüssel oder Eimer
Farbpulver
Gläser mit Deckel

Den Tapetenkleister mit Wasser in der Schüssel zu einem dünnflüssigen Brei anrühren, dann in Gläser umgießen und jeweils ein anderes Farbpulver unterrühren.

...mit Mehl und Zucker

Material:
1/2 Tasse Stärkemehl
3 Esslöffel Zucker
2 Tassen Wasser
Kochtopf
Schneebesen
Lebensmittelfarbe
Gläser mit Deckel

Mehl, Zucker und Wasser in den Topf geben, bei schwacher Hitze unter ständigem Rühren zu einem Brei kochen. Das dauert nicht lange. Diesen Brei in verschiedene Gläser aufteilen und jeweils eine andere Lebensmittelfarbe unterrühren.

▶ Erst mal ausprobieren

Material:
große Papierbögen
Fingerfarben

Die großen Papierbögen werden ausgebreitet, die Kinder wählen eine Farbe aus, tauchen eine Hand in das Farbenglas und malen mit Schwung und mit allen Fingern Linien und Flächen und Streifen und Kleckse auf das Papier. Beim nächsten Mal taucht die Kinderhand in eine andere Farbe. Wer die Farben dabei nicht mischen will, wäscht sich vor jedem Farbentauchbad die Hände ab.

...mit beiden Händen
Geht das Farbenspiel auch mit beiden Händen? Ausprobieren!
Also:
- Beide Hände in einen Farbentopf eintauchen, dann mit beiden Händen gleichzeitig auf dem Papierbogen hin und her tanzen. Eine Kindertanzmusik gibt dazu den richtigen Schwung.
- Mit den Händen patschen und klatschen und große Kreise schmieren.
- Kinderfäuste machen auch gute Farbspuren, wenn sie auf das Papier trommeln und reiben und kreisen.

...mit den Fingern
Ist die Lust am Patschen und Schmieren befriedigt, geht es weiter mit Finger-Schmier-Experimenten, z. B.:

- Mit den Fingern Streifen ziehen oder große oder kleine, wackelige oder kugelrunde Kringel malen.
- Jeden Finger in eine andere Farbe tauchen und dann alle Finger gleichzeitig über das Papier tanzen lassen, so dass bunte Streifenwellen entstehen.
- Fingertupfen setzen, einzeln mit einem Finger oder mit allen fünf oder sogar mit allen zehn Fingern.

Matschen

Wenn Sie Spaß daran haben, mit den Kindern zusammen zu matschen, dann können Sie die nächste Spielidee auf diese Weise vermitteln: Während die Kinder in das Schmieren und Malen mit Fingerfarben vertieft sind, kommen Sie dazu und haben eine Hand voll Sand dabei. Diesen streuen Sie über Ihr Blatt Papier, greifen dann in eine Fingerfarbenschale und malen und schmieren damit über Papier und Sand. Das fällt auf, denn jetzt entstehen farbige Sandspuren auf dem Papier. Deutlich sichtbar glitzern die Sandkörner auf dem Bild. Und die Farbe ist jetzt rau und rubbelig geworden. Das wollen die Kinder auch fühlen! Und Sie laden jeden, der will, ein auf Ihrem Papier weiterzumatschen und zu malen.

Das ist der Anfang einer Reihe spannender Experimente mit Matsch-Mixturen.

Matschmixturen

Material:
große Papierbögen
Fingerfarben
Materialien wie z. B. Sand, Erde, Sägemehl.
Mehl, Kaffeesatz, gebrauchte Teeblätter,
Pailletten, Konfetti

Wenn die Kinder einmal auf die Matsch-Spur gekommen und Erfindergeist und Neugierde geweckt sind, dann wollen sie noch andere Matschmassen mixen und auf einem Papier verschmieren. Wer eine Idee hat, erklärt sie den anderen und alle probieren es aus.

Matschbilder

Material:
Papierbögen
Fingerfarben
Material für Matschmixturen

Mit einer Farbe

Zuerst eine Matschmasse mixen, dann eine Farbe auswählen und unterrühren. Mit den Fingern die Matschfarbe auf dem Papier verteilen und Spurenbilder ziehen mit Linien, Kringeln, Wellen und Bögen.

Material darüber streuen

Zuerst das Papier mit Fingerfarben übermalen, dann ein bröseliges Material darüber streuen. Jetzt erst mit Fingern und Händen alles miteinander verschmieren und in großen oder kleinen Bögen schwungvoll verstreichen.

Verschiedene Materialien

In jede Fingerfarbe ist ein anderes Material eingerührt, zum Beispiel Kaffeesatz, Teeblätter, Glimmer. Dann verteilt man mit dicken Klecksen jede Farbmasse einzeln auf dem Papier und fährt anschließend mit den Fingern von einem Klecks zum anderen. Dabei verteilen und vermischen sich die Matschmassen und die Farbspuren sehen immer wieder anders aus.

Patchwork

Eine Arbeit, bei der viele Kinder mitmachen können! Alle Erfahrungen und Erfindungen mit den Matschmixturen können sie hier anwenden.

Material:
Malpapiere
Fingerfarben
Material für Matschmixturen
großer Papierbogen oder alte Tapetenrolle
Klebstoff

Für jede Matsch-Farben-Mischung wird ein extra Blatt genommen und die Mixtur darauf verstrichen, verschmiert, verkringelt oder vertupft. Je phantasievoller und verrückter, desto besser. Erst die Vielfalt macht das Besondere eines Patchworks aus: Alle Einzelbilder zum Schluss dicht nebeneinander auf einen großen Papierbogen oder eine Tapetenrolle aufkleben.
Dieses tolle Kunstwerk könnte z. B. im Treppenhaus oder in der Eingangshalle des Kindergartens aufgehängt werden. Dann sehen auch die Besucher und vor allem die Eltern, wie aus einfachen Schmierbildern große Kunst entstehen kann.

Anrühren

Hier können die Kinder eifrig rühren, mit langen Kochlöffeln oder Stäben, mit ausladendem Schwung oder mit kleinen, vorsichtigen Bewegungen. Jeder wie er kann und will, und genau so lange, wie er will. Es darf auch etwas überschwappen, was anfangs bei zu heftigem Rühren schnell passiert. Kein Problem, denn es ist nur Seife und kann aufgewischt werden.

Um was geht es? Um die Seifenlauge der Seifenblasen! Das ist für die Kinder ein doppeltes Vergnügen. Zum einen, weil sie endlich erfahren, aus was diese Zauberflüssigkeit besteht, die sich in bunte Seifenblasen verwandelt. Zum anderen, weil die Kinder diese Flüssigkeit in großen Mengen selber zubereiten können, einen ganzen Eimer voll! Das ist etwas anderes als die kleinen Seifenblasen-Döschen, die man kaufen kann und wo beim Öffnen des Deckels und bei den ersten Pusteversuchen gleich die Hälfte der Flüssigkeit verschüttet wird.

Die Neugierde und freudige Aufregung der Kinder ist groß, wenn sie zur Herstellung der Seifenblasenlauge eingeladen werden! Auch beim Abwiegen, Abmessen, Umfüllen und Abfüllen sind sie gerne dabei.

Seifenblasenmischung selbst gemacht

Material:
750 g oder 3/4 l Neutralseife
250 g Tapetenkleisterpulver
500 g Zucker
10 l Wasser
Wassereimer
Rührstab

In den Eimer zuerst nur zwei Liter Wasser füllen, dann die übrigen Zutaten dazuschütten und so lange rühren, bis sich Seife, Kleister und Zucker im Wasser völlig aufgelöst haben. Das Gemisch zur Seite stellen und einen Tag durchziehen lassen. Danach acht Liter Wasser langsam und unter ständigem Rühren dazugießen. Wieder alles einen Tag ruhen lassen.

Je länger die Mischung durchzieht, desto besser! Sie hält in einem gut verschlossenen Behälter sogar über zwei Jahre. Wer praktisch denkt, stellt im Januar die Seifenblasenmischung für das ganze Jahr her, inklusive Sommerfest.

▶ Erst mal ausprobieren

Sicher wollen die Kinder diese Flüssigkeit gleich anfassen, die Hände tief eintauchen und mit dem glitschigen Wasser spielen. Warum nicht? Am besten verteilen Sie die Seifenlauge auf zwei Behälter, nehmen den einen für die folgenden Spiele und den anderen für die Seifenblasen.

Rutschpartie für Hände

Wie wunderbar glitschig und schlüpfrig ist diese Seifenblasen-Zaubermischung!

Die Kinder verteilen eine Hand voll davon im Spülbecken oder auf einem Tablett. Fertig ist die Rutschbahn für kleine Hände, zum Schlittern und Schlieren und Schmieren.

Auf dem Boden kann diese Schmiere gefährlich werden, schnell kann man ausrutschen und fallen, auch barfuß. Also aufgepasst und wenn etwas auf den Boden schwappt, gleich aufwischen!

Schaumberge im Glas

Material:
Seifenblasenmischung
Glas
Trinkhalm oder Strohhalm
Papier
Nadel
Lebensmittelfarbe

Was für ein Spaß, die Seifenblasenmischung mit einem Trinkhalm heftig und laut blubbern zu lassen, bis ein großer Schaumberg aus dem Glas quillt.

Aber Achtung: Beim Blasen in die Seifenmischung nicht den Rückwärtsgang einschalten und saugen! Hier hilft ein Trick: In den Halm mit einer Nadel kleine Löcher einstechen, das macht das Saugen ziemlich mühsam, fast unmöglich.

Schaum-Bilder

So entstehen die schönsten Seifenkugel-Bilder: Etwas Seifenblasenlauge in ein Glas füllen und ein bisschen Lebensmittelfarbe dazugeben.

Jetzt mit einem Trinkrohr in das Glas blasen und blubbern, so dass ein Schaumberg entsteht und auf diesen ein Blatt Papier aufdrücken. Die Kugeln zerplatzen und hinterlassen auf dem Papier ihr Abbild.

▶ Weitere Experimente

Die Seifenblasenmischung auf Seite 25 ist die beste, doch wenn die Kinder Spaß am Experimentieren haben, können sie weitere Seifenblasen-Rezepte mixen und ausprobieren, mit welcher Mischung sie die größten und schönsten Seifenblasen machen können.

Seifenblasenmischungen

...mit Glyzerin

Material:
4 Esslöffel Neutralseife
4 Esslöffel Glyzerin
1 Liter Wasser

Seife und Glyzerin in lauwarmes Wasser einrühren.

Die Seife macht die Seifenblase elastisch, Glyzerin bewirkt, dass sie länger halten. Glyzerin gibt es in Apotheken zu kaufen.

...mit Spülmittel

Material:
8 Esslöffel Spülmittel
4 Esslöffel Zucker
2 Esslöffel Glyzerin
1 Liter Wasser

Den Zucker im Spülmittel so lange umrühren, bis er aufgelöst ist. Dann Wasser und zum Schluss Glyzerin unterrühren.

...mit anderen Seifen

Kernseifen, Waschmittel und ungiftige Reinigungsmittel sind für weitere Seifenlaugen-Experimente geeignet.

Übrigens: Die festen Seifenstücke lassen sich am besten in warmem Wasser ein- und aufweichen.

Seifenblasen pusten

Manche Kinder können noch gar nicht richtig pusten, nicht einmal eine Kerze ausblasen oder einen Luftballon aufpusten, geschweige denn durch einen Seifenblasenring blasen. Da heißt es zuerst üben, z. B. eine brennende Kerze ausblasen oder durch den Seifenblasenring auf den Handrücken pusten. Können die Kinder richtig und gezielt blasen? Prima, dann geht das Spiel weiter.

...mit den Händen

Material:
Seifenblasen-Mischung

Mit den beiden Zeigefingern und Daumen bilden die Kinder eine Kreisform, tauchen die Hände in die Seifenblasenmischung und ziehen sie wieder heraus, so dass zwischen den Fingern eine Seifenblasenhaut hängen bleibt. Faszinierend, wie diese bunt schillert und sanft wabbelt.

Und nun hineinblasen! Wer zu stark pustet, bringt die Haut zum Platzen. Wer zu leicht haucht, bewirkt nur, dass sich eine kleine Seifenbeule bildet, die sich wieder zurückzieht, sobald man mit Blasen aufhört.

Wer schafft es, so lange zu blasen, bis sich die Seifenblasen-Beule zu einer Kugel schließt, von den Fingern löst und durch die Luft schwebt? Eine schwierige Blastechnik!

...mit Blasröhrchen

Material:
Seifenblasen-Mischung
Strohhalme
Röhrchen aller Art
dünner Basteldraht

Wie praktisch, dass es für die Kinder Hilfsmittel wie Strohhalme oder andere kleine Röhrchen gibt, durch die sie hindurchblasen können.

Also, das eine Ende in die Seifenlauge eintauchen, so dass sich beim Herausziehen eine Seifenhaut darüber bildet, dann in das andere Ende hineinblasen. Schon entsteht eine Seifenblasenkugel, wird größer, löst sich von selbst und schwebt davon. Oder ist sie geplatzt? Dann beim nächsten Versuch sanfter blasen.

Ein toller Trick ist dies: Mit dem dünnen Basteldraht viele kleine Kringel und Schlaufen biegen. Dabei Anfang und Ende des Drahtes überstehen lassen, zusammenbiegen und zum Festhalten in einen Trinkhalm oder ein kleines Rohr stecken.

Beim Eintauchen in die Seifenlauge das Drahtgeflecht ganz untertauchen, wieder herausziehen und tüchtig anpusten. Und dann? Na – das wird nicht verraten! Ausprobieren!

Seifenblasen-Ringe selbst gemacht

Material:
dünner und dicker Draht
Stab
Klebeband
Wollfaden oder Verbandmull

Seifenblasenringe kann man zwar kaufen, aber viel besser sind die selbst gemachten. Dann können die Kinder genau festlegen, wie groß die Ringe und natürlich auch ihre Seifenblasen werden sollen.

Der dünne Draht wird für kleine Seifenblasenringe, der dicke Draht für die großen und riesengroßen Ringe gebraucht! Die Bastelarbeit bleibt gleich und geht so:

- Den Draht zu einer Schlaufe biegen. Wenn diese nicht ganz rund wird, macht das nichts, die Seifenblase wird auf jeden Fall kugelrund!
- Die beiden Drahtenden miteinander verdrillen und mit Klebeband am Stab befestigen.
- Jetzt den Drahtring mit Wolle oder Verbandmull umwickeln. So hält die Seifenlauge besser am Ring und die Seifenblase löst sich gut ab, ohne gleich zu platzen.

BASTELDRAHT

TRINK-HALM

DRAHT ZUR SCHLAUFE BIEGEN

WOLLE

VERBAND-MULL

Seifenblasen-Kunst

Material:
Seifenblasenmischung
kleine Seifenblasenringe

So geht es: Den Ring in die Seifenlauge eintauchen, herausnehmen und blasen. Kommt jetzt aus dem Ring eine Seifenblase zum Vorschein? Vielleicht noch nicht! Woran mag das liegen? Die Kinder überlegen selber, versuchen es noch einmal, beobachten genauer und entdecken dabei die Geheimnisse der Seifenblasen-Kunst. Sie müssen:

- den Ring in die Seifenlauge eintauchen und ganz untertauchen.
- beim Herausziehen des Ringes darauf achten, dass sich eine Seifenwasserhaut im Ring bildet.
- zuerst langsam, dann immer stärker blasen und keine Pause machen, sonst schlüpft die Seifenblase wieder zurück in den Ring.

Heftiges Pusten macht viele kleine Seifenblasen. Wer langsam und gleichmäßig bläst, der hat die beste Chance, eine große Seifenblase hinzukriegen.

Riesenseifenblasen

Material:
Seifenblasenmischung
große Seifenblasenringe

Am besten ist es, einen ganzen Eimer mit Seifenblasenmischung zu füllen, dann kann man auch mit den großen Ringen gut ein- und untertauchen. Und wer hat nun so ein Riesenmaul, um in diesen Riesenring zu blasen und eine Riesenseifenblase hervorzubringen? Wohl niemand! Oder doch? Vielleicht finden die Kinder den Trick selber heraus?

So geht es:

Draußen im Garten den mit Lauge gefüllten Ring hoch in die Luft halten, so dass der Wind hindurchfahren und die Seifenblase aufblasen kann. Sie wird sich von selber loslösen und schwabbelnd davon segeln.

Bis zu einem Meter groß kann die Seifenblase werden. Für Kinder ein gigantisches Erlebnis, das die Phantasie beflügelt: Was wäre, wenn wir in der Seifenblase mitfliegen könnten?

Rühren

Das ist für die Kinder kaum auszuhalten: Da rühren sie die schönsten Mixturen zusammen, riechen daran und beobachten, wie die Masse wunderbar cremig wird.

Und was ist mit naschen, probieren und aufessen? – Na gut, machen wir eine Ausnahme und nehmen in das Bastelbuch ein paar Kochrezepte mit hinein. Extra für die Kinder, die doch so gerne mit allen Sinnen die Dinge genießen, also auch schmecken und schlecken wollen.

Teig rühren

Jetzt gibt es viel zu rühren, da können alle Kinder der Reihe nach mitmachen! Deshalb ausnahmsweise auf elektrische Rührgeräte verzichten! Das ist zwar aufwendiger, weil anstrengender, aber für die Kinder viel spannender.

Klar, dass jeder kleine Zuckerbäcker auch ein bisschen schlecken darf! Vielleicht doch lieber die doppelte Menge nehmen, damit am Schluss noch Teig für den Kuchen übrig bleibt?

Rührkuchen selbst gemacht

Zutaten:
5 Eier
250 g Butter
250 g Zucker
1 Päckchen Vanillezucker
250 g Mehl
1/2 Päckchen Backpulver
1 Prise Salz
Saft und geriebene Schale einer ungespritzten Orange oder Zitrone

Eier, Butter und Zucker verrühren, dann das Mehl in kleinen Portionen dazugeben und immer weiterrühren. Die restlichen Zutaten untermengen und so lange rühren, bis ein feiner, glatter Teig entsteht.

Diesen Teig in eine ausgefettete Form füllen und im Backofen bei 250°C etwa eine Stunde backen.

Creme rühren

Nuss-Creme selbst gemacht

Zutaten:
500 g geriebene Haselnüsse
500 g weiche Butter
500 g flüssiger Honig
6 Esslöffel Kakaopulver
große Schüssel
Rührlöffel
Gläser mit Schraubverschluss

Alle Zutaten miteinander verrühren, bis die Creme glatt ist. Dann ist sie auch schon fertig und kann mit Brot oder einfach so genascht werden!

In Gläser mit Schraubverschluss gefüllt kann die Creme im Kühlschrank aufbewahrt werden. Nach zwei 2 Wochen sollte sie allerdings aufgegessen sein – was den Kindern sicher nicht schwer fällt!

Malen und Klecksen

Kinderzeichnungen sind die Sprache der Kinderseele, heißt es. Die Wahl der Farben, die Stärke und der Schwung der Striche, die Größe der Bildmotive und die Aufteilung des Bildes sind Variablen, die etwas über das Kind, seine persönliche Entwicklung und momentane Stimmung aussagen. Doch Vorsicht, bevor wir mit einer Interpretation der Kinderzeichnung loslegen, und diese vielleicht voreilig fehl-interpretieren, sollten wir den kleinen Künstler selbst interviewen. Er kann uns am besten erklären, was auf seinem Kunstwerk zu sehen ist und warum er was und wie gemalt hat: Zum Beispiel hat er sich selbst auf dem Bild grün gemalt, weil er sich gleich in der Wiese verstecken will, die Wiese muss er noch malen, und die Wurzelzwerge sollen ihn dann nicht sehen können! Ja, so einfach ist das mit dem grünen Männlein auf dem Kinderbild!

Den Kindern ist meistens das Ergebnis, also das Bild, nicht so wichtig wie das Erlebnis, also das Malen. Ist ein Bild fertig, wird das Kind sein Kunstwerk auch gerne verschenken, am liebsten demjenigen, den es mag. Und dabei genießt es auch die Anerkennung und Aufmerksamkeit, wenn das Bild bestaunt wird.

Doch wenn Sie mit Ihrer Bewunderung übertreiben und jede kleinste Kritzelzeichnung in höchsten Tönen loben, kann etwas anderes ins Spiel kommen: Das Kind wird zum eifrigen Schnell-Kritzler, ruck, zuck ist ein Bild fertig und wird dann feierlich überreicht, in der Absicht, Beifall zu kassieren. Dieses Spiel heißt jetzt „Bewundert werden" und nicht mehr „Malen". Sie können also mit Ihrem Verhalten und Ihren Worten das Malen der Kinder dahingehend beeinflussen, ob die Freude am Malen gefördert wird und die Begeisterung über die schönen Farben – oder ob das Malen der persönlichen Zuwendung und dem Einsammeln von Streicheleinheiten dient. Es kommt darauf an, was dem Kind gut tut!

Malen mit Überraschungen

Malen ist für Kinder nichts Neues, das kennen und können sie längst. Doch mit selbst gemixten Farben, mit selbst gemachten Kreiden und mit selbst gebastelten Pinseln könnte das Malen und Zeichnen, Kritzeln und Klecksen zu einem neuen Erlebnis werden. Und wenn noch lustige Spiele und spannende Experimente hinzu kommen, wird für die Kinder das Malen doppelt interessant.

Malkreiden

Malkreiden sind für Kinderhände ideal. Die Kinder können fest zupacken, auch mit der ganzen Hand, und mit Schwung einen dicken Strich ziehen. Der sitzt gleich so perfekt und leuchtet aufmunternd auf dem Papier, dass die kleinen KünstlerInnen zum Weitermalen angesteckt werden. Und bei den selbst gemachten Malkreiden gibt es noch weitere überraschende Effekte, das zeigen die folgenden Seiten.

Zuckerkreide selbst gemacht

Nein, das ist kein neuer Lutscher, sondern eine ganz besondere Malkreide, weich und gut zu vermalen. Sie bröselt nicht und die Farben leuchten kräftig. So können die Kinder mit leichtem Strich Linien kritzeln, Punkte tupfen, Flächen füllen. Das ist faszinierend. Sie werden gar nicht erst ihre typische Frage stellen „Was soll ich malen?", sondern gleich loslegen.

Material:
bunte Tafelkreiden
Zucker
Wasser
Becher

In den Becher warmes Wasser gießen und etwa drei Teelöffel Zucker unterrühren. Die Kreiden in der Mitte durchbrechen, die Stückchen in den Becher füllen und über Nacht im Zuckerwasser liegen lassen. Dann herausnehmen – und fertig sind die Zuckerkreiden, mit denen die Kinder so wunderbar malen können.
Wenn die Kreide wieder trocken geworden ist (das kann nach zwei Tagen sein), einfach erneut in Zuckerwasser legen.

▶ Erst mal ausprobieren

Wie weich und cremig sich diese feuchten Zuckerkreiden anfühlen, wie schön die Farbe auf dem Papier leuchtet!
Die Kinder malen und staunen und bekommen dabei immer mehr Ideen, was sie alles mit ihrer Zuckerkreide bemalen können: dickes und dünnes Papier, raues und glattes Packpapier, Tafeln, Wellpappe, Kartons.
Am allerschönsten sieht die Zeichnung auf farbigem Tonpapier aus. – Aber das sollen die Kinder selber entdecken und auch selber entscheiden.
Wenn das Kreidebild trocknet, verändert sich die Farbe, wird heller und puderig. Das zu beobachten ist auch spannend.
Mit den Zuckerkreiden lassen sich auch andere Sachen bemalen, z. B. Steinplatten, Kacheln, Tische mit Resopalbeschichtung.
Und wie praktisch: Mit Wasser und Lappen oder Schwamm kann alles wieder weggewischt werden.

Waschraum-Gemälde

Wie wäre es, wenn die Kinder die Kachelwände des Waschraums in eine Gemäldegalerie verwandeln? Mit Fischen und Phantasietieren, mit U-Booten und Dampfern, mit Schatzkisten und Wasserschlössern, mit Klabautermännlein und Wassernixen und mit vielen blauen Wasserwellen!
Erst nach ein paar Tag werden die Bilder gemeinsam wieder weggeschrubbt. Vielleicht aber nur, um gleich mit einem neuen großen Zuckerkreiden-Kunstwerk loslegen zu können!

Straßenmalkreide selbst gemacht

Eigentlich ist das Wort „Straßenmalkreide" nicht mehr zeitgemäß. Denn auf welcher Straße kann wirklich noch gemalt werden? Deshalb sagen manche jetzt „Pflasterkreide" dazu. Aber damit diese Bezeichnung bei den Kindern keine Sprachverwirrung auslöst, sollten Sie erklären, dass damit nicht die Heftpflaster für Wunden am Knie gemeint sind, sondern das Pflaster auf Gehwegen, Park- oder Marktplätzen!

Material:
Plastikschüssel oder Glasbehälter
Tasse
Wasser
Gipspulver
Stab zum Umrühren
evtl. Pralinenförmchen oder Plastik-Einsätze aus Pralinen- und Keks-Schachteln

- Etwa vier Tassen Wasser in die Schüssel füllen und nach und nach etwa zwei Tassen Gips dazuschütten. Dabei ständig rühren und weiterrühren, bis der Gips ein dicker Brei ist.
- Dann heißt es zügig weiterarbeiten, denn der Gipsbrei wird bald hart: Die Kinder formen mit den Händen kleine Kreiderollen oder füllen den Brei in kleine Förmchen.

Sind die Kreiden trocken, kann die Straßenmalerei losgehen!

Kreide bunt färben

Gipskreide bunt färben

Material:
Gipsbrei
Farbpulver
Joghurtbecher

Wer Gipskreiden farbig herstellen will, rührt zuerst eine größere Menge Gipsbrei an, verteilt diesen auf mehrere Joghurtbecher und mischt dann Farbpulver dazu.
Die Farbmassen zu Kreide-Rollen formen oder in Förmchen füllen und trocknen lassen.

Tafelkreide bunt färben

Material:
weiße Tafelkreide
Lebensmittel-, Ostereier- oder Naturfarben
Becher
Wasser
3 Teelöffel Zucker
Rührstab

Wer weiße Tafelkreide hat, der kann seine Kreiden bunt färben:
Pro Farbe in einen Becher lauwarmes Wasser, Farbpulver und 3 Teelöffel Zucker geben, gut verrühren, Kreidestücke einfüllen und einen Tag stehen lassen.
Die Kreiden herausnehmen und etwa zwei Stunden trocknen lassen. – Das ist der Trick, damit die Farbe beim Halten und Malen nicht auch die Finger einfärbt!
Dann aber kann gemalt werden, auf Papier und Pappe und natürlich auf Pflastersteinen.

Pflasterstein-Malerei

Material:
Straßenmalkreide

Ist kein Regen in Sicht? Prima, dann kann eine große Malaktion draußen im Freien durchgeführt werden. Alle Kinder machen mit und bemalen den Weg vom Gartentor zum Hauseingang, den Gehweg rund um den Kindergarten, den Hof oder was sich sonst anbietet.

Schade, dass der nächste Regenguss alles wieder wegwischen wird. Hier ein paar Ideen für die Pflasterstein-Malerei:

Teppich-Wege auf dem Gehsteig

Die Kinder malen die Umrisse ihrer Teppiche auf den Gehweg: groß oder klein, lang oder breit rund oder eckig...

Dann werden die Teppiche gewoben – besser gesagt gemalt – und bekommen Muster wie Linien, Wellen, Punkte, breite oder schmale Streifen, Zick-Zack, Kringel oder Schnecken.

Bald werden die Kinder auch entdecken, dass sie die Farben mit den Fingern oder einem Lappen verwischen und verstreichen können.

Zum Schluss noch Fransen „knüpfen" und fertig ist der Teppich.

Blumenbeet am Eingang

Vom Gartentor aus kringelt sich eine Blütenschlange in Richtung Eingangstüre. Mit jedem Schritt und Tritt kommen mehr Blumen und Blüten und Blätter dazu, das Blumenbeet wird immer dichter, immer voller und bunter. Am Eingang ist daraus ein dichtes Blütenmeer geworden. – Natürlich alles nur von den Kindern gemalt!

Ringelreihen auf dem Pflasterstein

Ein Kind nach dem anderen legt sich auf den Boden, ein anderes Kind malt mit seiner Kreide drum herum. Anschließend malt jedes Kind seine Figuren an: mit Gesicht und Haaren, einem Pulli und Hosen, mit Strümpfen und Schuhen. Wenn viele Kinder mitmachen, kann so eine ganze „Kreide-Kinderschar" auf dem Boden Ringelreihen tanzen.

Große Pflastermalerei

Haben die Kinder Spaß daran, einmal den Marktplatz oder die Gartenwege eines Altenheims oder die Fußgängerzone mit ihrer Pflastermalerei zu verschönern?

Die Kreiden für so eine Großaktion stellen die Kinder eine Woche vorher her. Jedes Kind bekommt ein Stück des Weges zugeteilt und kann malen, was und wie es will.

Wetten, dass das auch die Presse der Lokalzeitung interessiert! Also, anrufen und über diese Aktion informieren, so geht es am unkompliziertesten.

Wasserfarben

Wasserfarben heißen so, weil sie mit Wasser angerührt werden und auch mit Wasser zu verdünnen sind. Zum Verschmieren mit den Fingern sind sie weniger geeignet, weil sie einfach zu wässrig sind. Aber vielleicht wollen die Kinder das nicht erklärt bekommen, sondern selber herausfinden.

Es wäre sehr praktisch, wenn Sie eine Ecke (im Kindergarten, im Kinderzimmer...) als Malatelier einrichten könnten. Dort stehen dann alle Farbgläser und Pinsel (*Selbst gemacht!*, S. 35), dort stapeln sich Papiere und auch die Malkittel liegen bereit (s. S. 19).
Jetzt können die Kinder mit ihren Malaktivitäten loslegen, wann immer sie selber wollen, ohne erst zu fragen.

Wasserfarben selbst gemacht

Wenn die Kinder ihre Wasser-Malfarben selber mixen, dann hat das mehrere Vorteile: Sie lernen, wie helle oder dunkle Farbtöne entstehen, sie bekommen Lust auf weitere Farbexperimente und werden z. B. auch andere Materialien unter die Wasserfarben mischen. Das ist ganz im Sinne der Erfindung!
Für die Wasserfarbenherstellung sind alle wasserlöslichen Farben und Farbpulver zu verwenden, z. B.
- *Tempera-Pulverfarbe;*
- *Lebensmittelfarbe;*
- *Beize;*
- *Ostereierfarben;*
- *Naturfarben (siehe Seite 38).*

Material:
Wasser
Pulverfarbe
Rührlöffel oder Stab
Pinsel
Papiere
Gläser mit Deckel

Ein Glas halb mit Wasser füllen, dann Farbe einrühren, umrühren und mit einem Pinsel einen Farbklecks auf das Papier setzen.
Ist die Farbe zu schwach, mehr Farbpulver einrühren, bis der gewünschte Farbton erreicht ist.
Es macht Sinn, den Kindern anfangs nur die Grundfarben zu geben, also rot, blau und gelb. Damit können sie bereits Lila, Rosa, Hellblau, Grün und Braun zusammenmischen.
Und wie geht das? Ausprobieren!

▶ Erst mal ausprobieren

Beispielsweise so könnten Sie die Kinder zum Malen animieren: Sie erklären nicht viel, sondern gehen an den Maltisch, ziehen sich einen Malkittel über und beginnen mit Lust und Laune loszumalen.

Mit großen Pinselstrichen verteilen Sie vielleicht zuerst die Farbe auf dem Papier, setzen dicke Kleckse dazu, malen mit dünnen Pinselstrichen und einer neuen Farbe weiter, führen den Strich durch den Klecks, dabei vermischen sich diese Farben zu einem neuen Farbton. Dann könnten Sie mit dem Pinsel noch die Farbkleckse auseinander ziehen, so dass die Farbe dünner und heller wird; jetzt kommt vielleicht mitten hinein noch ein Farbtupfer in einer anderen Farbe. So geht Ihr Farbenspiel immer weiter.

Die Kinder werden Ihnen zuschauen, staunen, das Fließen der Farben bewundern und schließlich eifrig zu Pinsel und Farben greifen, um selbst so ein schönes Farbenspiel zu spielen.

▶ Weitere Experimente

Haben die Kinder bereits Erfahrungen mit selbst gemixtem Kleister-Kleb (siehe Seite 5) und Matsch-Mixturen (siehe Seite 22) gemacht, dann werden sie mit den Wasserfarben ähnliche Experimente durchführen wollen.

Wenn nicht, dann könnten Sie – rein zufällig – ein paar geeignete Materialien auf den Maltisch stellen, um die Kinder auf weitere Ideen zu bringen, z. B. mit

- Sand;
- Zucker;
- Mehl;
- Milch;
- Sägemehl;
- Konfetti
- Kleister;
- Glimmer;
- Spülmittel;
- Seife.

Das gibt spannende und auch sehr originelle und interessante Bilder, mal glitzernd, mal mit weißlichem Schimmer, mal bröselig usw.

Mixen und Malen

Material:
Sand
Wasserfarbe
Kleister
Glas

So z. B. wird Sand mit Wasserfarbe vermischt: Ein Glas zur Hälfte mit Wasserfarbe füllen und ein bisschen Sand und Kleister einrühren, so dass die Wasserfarbe körnig, aber nicht breiig wird.

Dann können die Kinder gleich mit dem Malen beginnen.

Wenn das Wasserfarbenbild getrocknet ist, glitzern die feinen Sandkörner in der Farbe. Weil auch Kleister untergemischt wurde, bleiben die Sandkörner nach dem Trocknen auf dem Papier haften.

HOLZPINSEL: ① ②

← PINSEL AUS NATURMATERIALIEN, WIE Z.B. GRAS, TANNENZWEIGE + FEDERN

GARN

Mal-Utensilien

▶ Erst mal ausprobieren

Zufällig liegen auf dem Maltisch neben den Wasserfarbengläsern noch andere Sachen, beispielsweise

- Lappen;
- alte Spülschwämme;
- Wattebällchen;
- kleine Wollknäuele;
- Moosgummireste;
- kleine Zweige.

Dass Sie diese Sachen zusammengetragen und auf dem Tisch bereitgelegt haben, das verraten Sie natürlich nicht.

Bald werden die Kinder nach Lappen und Schwamm greifen und ausprobieren, wie sie damit malen oder die Farbe auf dem Papier verteilen können – und sehr stolz auf ihre Entdeckungen sein.

Pinsel selbst gemacht

Material:
Zweige
Grasbüschel
Garn
Schere
Hammer

Einen Pinsel können die Kinder aus Holz oder Grasbüscheln selber herstellen.

Für den **Holzpinsel** den Zweig auf die Länge eines Pinsels abbrechen und ein Ende mit dem Hammer flach klopfen, bis sich die Holzfasern auseinander spreizen.

Wer einen **Gras-Pinsel** basteln möchte, drückt das Grasbüschel dicht zusammen, umwickelt es mit Garn – Knoten nicht vergessen! – und schneidet die Pinselspitze zu.

Mit Naturmaterialien malen

Haben die Kinder erst einmal die Naturpinsel aus Holz und Gras gebastelt und ausprobiert, dann kommen sie bald auf weitere Ideen, mit was man alles malen kann. Dazu ein paar Anregungen:

Material:
kurze Tannenzweige
Federn
Strohhalme
Blätter
Garn
Gartenschere
kurze Äste

Auch aus Tannenzweigen, Federn, Strohhalmen oder Blättern können Pinsel entstehen. Sie werden ebenfalls zu dichten Bündeln oder Büscheln zusammengebunden. Je nachdem, wie dick oder dünn der Pinsel werden soll, drei oder vier oder mehr Teile nehmen.

Wer will, kann die Bündel auch um einen kurzen Stab anordnen, mit Garn umwickeln und festbinden. Wenn nötig, mit der Gartenschere eine Pinselspitze zuschneiden.

Wer einen echten Haarpinsel einmal genau betrachtet, der wird entdecken, dass dieser auf die gleich Weise hergestellt ist, nur eben mit Kunstfasern oder echten Tierhaaren.

Maltechniken

Spritzen

Material:
kleine Plastikflaschen mit Spritzöffnung (z. B. Spülmittelflaschen)
Wasserfarben
Malpapier

Die mit Wasserfarbe gefüllte Plastikflasche über das Zeichenpapier halten und mit leichtem Druck Farbe auf das Papier spritzen.
Wer will, kann gleich mehrere Flaschen mit unterschiedlichen Farben füllen und bunte Spritzbilder gestalten – am besten draußen im Garten, mit Sonnenschein und Badehose!

Klecksen

Material:
Pinsel
Wasserfarben
Malpapier

Das macht den Kindern Spaß, wenn sie mit ihren dicken Pinseln viele dicke Punkte und noch dickere Kleckse auf das Papier setzen. Vielleicht möchten sie über das bekleckerte Papier ein zweites Blatt legen, festdrücken, wieder abziehen – und haben zwei gleiche Klecksbilder.

Pusten

Material:
Strohhalm
Pinsel
Wasserfarben
Malpapier

Die Kinder tupfen auf das Papier dicke Farbkleckse. Dann pusten sie (*Wer kann's?*, S. 25) durch den Strohhalm auf diese Farbkleckse, so dass sie auseinander laufen.
Geschickte PusterInnen können den Wasserfarbenklecks sogar über das ganze Papier blasen, so dass er eine bunte Farbspur hinterlässt.
Weiter geht es mit Wasserfarben und Pinsel: Da wird aus dem Pustebild vielleicht ein großer Baum mit vielen Zweigen und Ästen oder ein Ungeheuer mit unzähligen Zappelbeinen...

Sieben

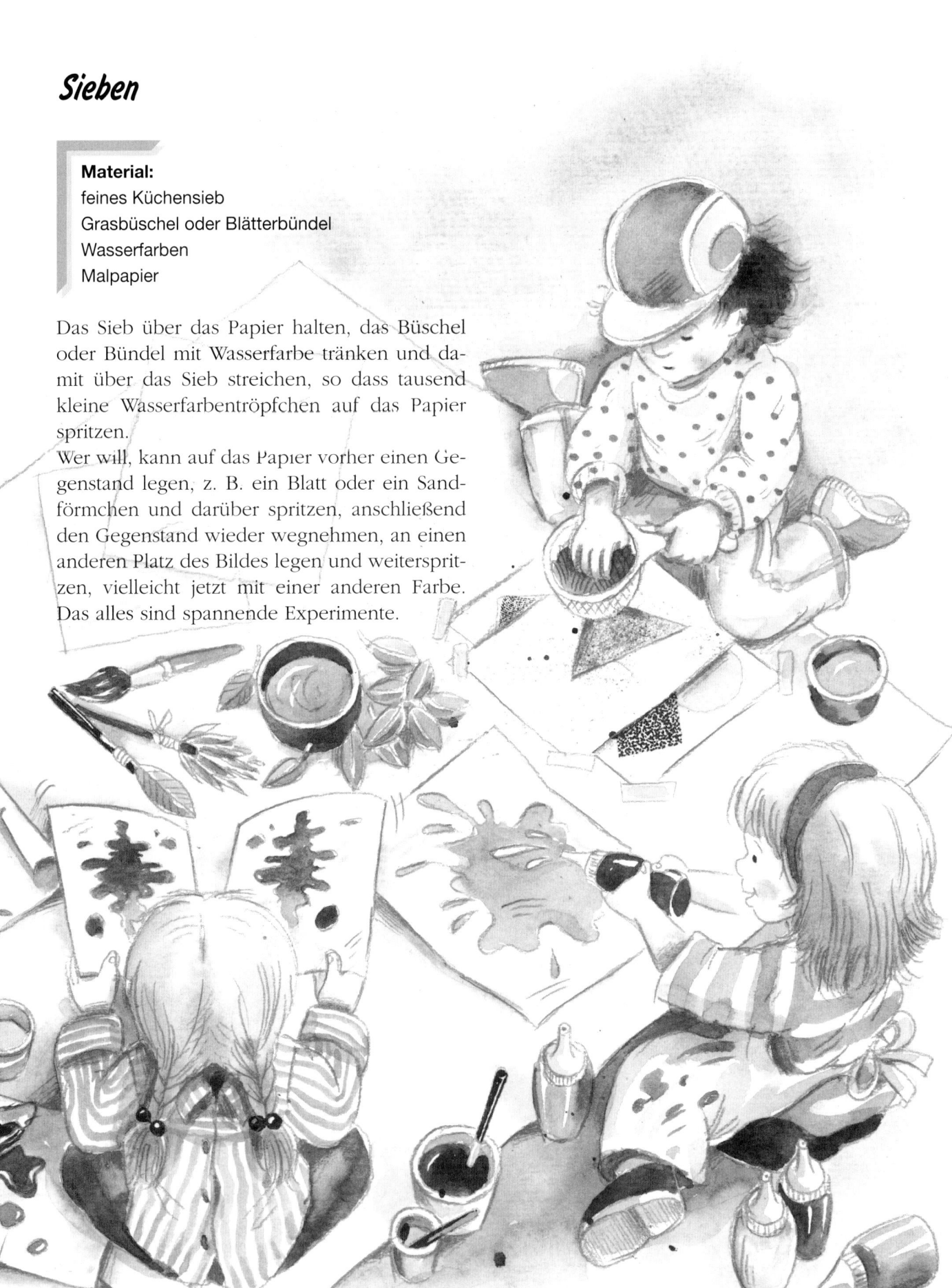

Material:
feines Küchensieb
Grasbüschel oder Blätterbündel
Wasserfarben
Malpapier

Das Sieb über das Papier halten, das Büschel oder Bündel mit Wasserfarbe tränken und damit über das Sieb streichen, so dass tausend kleine Wasserfarbentröpfchen auf das Papier spritzen.

Wer will, kann auf das Papier vorher einen Gegenstand legen, z. B. ein Blatt oder ein Sandförmchen und darüber spritzen, anschließend den Gegenstand wieder wegnehmen, an einen anderen Platz des Bildes legen und weiterspritzen, vielleicht jetzt mit einer anderen Farbe. Das alles sind spannende Experimente.

Pflanzenfarben

Farben aus Naturmaterial selber herstellen, das ist eine ur-ur-uralte Technik und immer noch interessant.

Die Pflanzenfarben können kräftig oder zart sein, manche halten lange, manche verblassen schnell, wenn die Sonne darauf scheint.

Früher haben Künstler und Handwerker ihre Farben selber hergestellt, aber ihre speziellen Rezepturen niemandem verraten. So sind manche Farbmischungen bis heute ein Geheimnis geblieben.

Doch halt! Wie war das, als der rote Kirschensaft auf die weiße Tischdecke schwappte? Was war mit den Heidelbeerflecken auf dem Pullover? Und wie sahen die Finger nach dem Brombeer-Pflücken aus?

Das kennen die Kinder, das sind ihre Erfahrungen, darüber werden sie gerne erzählen. Und nach diesem Gespräch können sich die Kinder gut vorstellen, dass aus Pflanzen Malfarben herzustellen sind.

Pflanzenfarben selbst gemacht

Für die Pflanzenfarben eignen sich Beeren, Obst, Gemüse, Früchte aller Art, auch Blätter, Rinden, Wurzeln, Erde oder Gewürze und Schalen.

- Weiches, saftiges Obst einfach zerquetschen, das Mus durch ein Leinentuch ausdrücken und die Farbe in einer Schüssel auffangen.
- Härtere Pflanzenteile klein schneiden. Mit wenig Wasser aufkochen. Dabei aufpassen, dass das Wasser nicht verdampft und der Pflanzenbrei anbrennt. Den Pflanzensud abkühlen lassen, durch ein Sieb abgießen und die farbige Flüssigkeit in einem Gefäß auffangen.

Zum Aufbewahren die Farben in Gläser mit Deckel umfüllen und kühl stellen. Die Farben lassen sich jederzeit mit Wasser verdünnen.

Wer sie kompakter und haltbarer machen will, der rührt als Bindemittel Kleister, Caparol oder Mehlbrei darunter. Wie viel? Das kommt darauf an, wie es einem gefällt. Also ausprobieren!

Nachfolgend sind Pflanzenfarben-Rezepte zusammengestellt. Diese Liste soll Lust darauf machen, eigene Pflanzenmischungen herzustellen und sich von den Farbtönen, die dabei entstehen, überraschen zu lassen.

Birkenblätter-Gelb
Blätter klein schneiden, mit Wasser einige Minuten kochen, abkühlen, absieben.

Blätter-Grün
Blätter von Beerensträuchern klein schneiden, mit Wasser einige Minuten kochen, abgekühlt absieben.

Brombeeren-Violett
Brombeeren kurz mit wenig Wasser aufkochen, mit der Gabel zerdrücken, abgießen.

Erde-Braun
Erde zerkrümeln, im Mörser zerquetschen, im Wasser aufkochen, absieben.

Hagebutten-Rot
Hagebutten mit dem Messer aufschneiden, mit etwas Wasser aufkochen, mit einem Kartoffelstampfer zerquetschen, durch ein Leinentuch den Saft herauspressen.

Heidelbeer-Violett
Heidelbeeren kurz aufkochen, mit einer Gabel zerdrücken, abgießen.

Holunder-Blau
Beeren kurz mit wenig Wasser aufkochen, mit einer Gabel oder einem Mörser zerdrücken, durch ein Leinentuch pressen.

Kaffee-Braun
Kaffeepulver mit wenig Wasser einige Minuten durchkochen, durch Kaffeefilter abgießen.

Karotten-Gelb
Karotte raspeln, mit wenig Wasser kurz aufkochen, durch ein Leinentuch die Flüssigkeit herausdrücken.

Kirschen-Rot
Kirschen entsteinen, mit einer Gabel zerquetschen, durch ein Leinentuch die Flüssigkeit herausdrücken.

Löwenzahnblätter-Gelb
Blätter klein schneiden, mit Wasser einige Minuten kochen, abkühlen und absieben.

Paprika-Rot
Paprika mit wenig Wasser kurz aufkochen, mit einer Gabel zerquetschen, durch ein Leinentuch drücken.

Petersilien-Grün
Petersilie zerrupfen, grob schneiden, fein wiegen, mit wenig Wasser kurz aufkochen, im Sieb abgießen.

Rote-Beete-Rot
Die Knolle in kleine Stücke schneiden, einige Minuten in etwas Wasser kochen, absieben.

Rotkohl-Violett
Rotkohl reiben, einige Minuten mit etwas Wasser aufkochen, abgekühlt durch ein Sieb abtropfen lassen.

Spinat-Grün
Spinatblätter zerkleinern, mit wenig Wasser bei geschlossenem Topf köcheln lassen, abkühlen, absieben.

Tee-Braun
Teeblätter mit wenig Wasser einige Minuten kochen, abkühlen, abgießen.

Zwiebel-Braun
Zwiebelschalen zerkrümeln, mit wenig Wasser einige Minuten durchkochen lassen, absieben.

Tinte selbst gemacht

Material:
Blaubeeren
Sieb
Löffel
Schüssel
Essig
Salz
Gläschen mit Deckel

Blaubeeren sind ideal für die Herstellung der Tinte. Es geht aber auch mit Holunderbeeren oder anderen Beeren (s. S. 38).

Die Beeren mit dem Löffel durch ein Sieb drücken und den Saft in einer Schüssel auffangen. Einen Schuss Essig und eine Prise Salz unterrühren (das intensiviert die Farbe), die Flüssigkeit in das Glasgefäß füllen. Die Tinte kühl aufbewahren, sie hält sich nur etwa eine Woche, da sie ein Naturprodukt ist.

Zeichenfeder selbst gemacht

Früher, als es weder Füller noch Kulis gab, da schrieben die Leute mit Federkielen, die sie sich selbst zuschnitten. Heute ist so eine feine Zeichenfeder etwas Besonderes.

Material:
Gänsefedern oder andere große Federn
scharfes Küchenmesser oder Tapeziermesser

Den unteren Teil der Feder freizupfen oder -schneiden, damit der Federkiel besser zu halten ist.

Das dicke Ende der Feder schräg abschneiden und die Spitze etwas kürzen, also ein kleines Stück quer abschneiden.

In die Mitte der Spitze einen kleinen Schlitz einschneiden.

Wenn die Kinder bei dieser Arbeit zuschauen und sehen, wie sorgfältig und genau Sie arbeiten, dann werden sie sicher beim Zeichnen mit dieser Feder ebenso sorgfältig und vorsichtig sein.

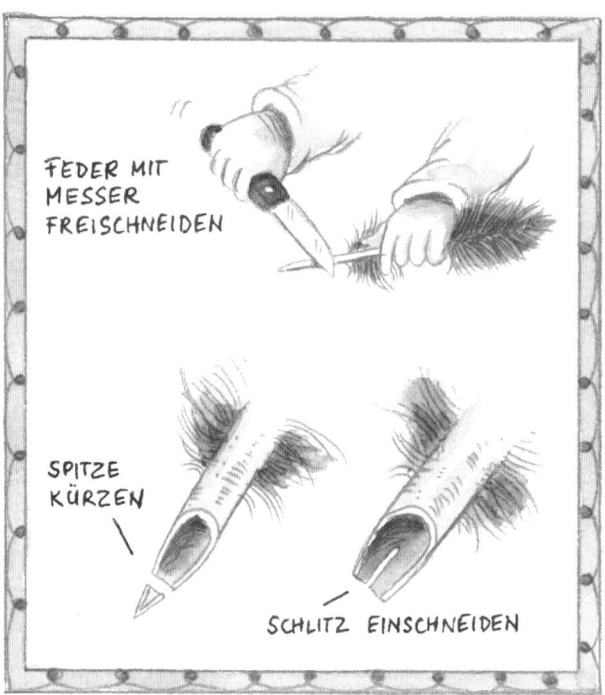

FEDER MIT MESSER FREISCHNEIDEN

SPITZE KÜRZEN

SCHLITZ EINSCHNEIDEN

▶ Erst mal ausprobieren

Feierlich bekommt jedes Kind eine eigene Zeichenfeder überreicht. Die Tinte steht auch schon bereit, es kann losgehen:

Die Feder in die Tinte eintauchen, der hohle Federkiel nimmt die Flüssigkeit auf, und mit der Federspitze leicht auf das Papier tupfen. Auch Striche, Kreise und Zickzacklinien ziehen, Phantasieschrift schreiben oder kleine Strichzeichnungen wagen.

Welches Papier zum Zeichnen und Kritzeln am besten geeignet ist, das probieren die Kinder aus. Schön ist, was dem Künstler gefällt.

Tinten-Zauber-Spiele

Zauberbild im Wasserglas

Material:
Glasbehälter
Wasser
Tinte oder Pflanzenfarbe
Pinsel oder Federkiel

Das Glas mit Wasser füllen und einen Tropfen Tinte in das Wasser träufeln.

Das Zauberspiel beginnt: Die Tinte verteilt sich langsam im Wasser, zieht Linien und Schlieren und löst sich immer mehr auf.

Neue Tintentropfen können folgen und die Kinder schauen zu, wie auch diese sich auflösen und das Wasser immer mehr die Tintenfarbe annimmt.

Ist der Farbton intensiv genug, ist auch die Wasserzauberei zu Ende – die Kinder können zum Malen übergehen.

Oder die Zauberei geht weiter:

In ein mit Wasser gefülltes Glas nun zwei Kleckse mit unterschiedlichen Farben tupfen. Die Farben ziehen wieder ihre Spuren und vermischen sich langsam miteinander. Jedoch einmal umgerührt, ist der zarte Farbentanz vorbei – das Wasser hat eine neue Mischfarbe.

Zauberlinie auf dem Papier

Material:
Tinte oder Pflanzenfarbe
Pinsel oder Federkiel
Kaffee-, Teefilter oder Löschpapier
Wasser

Das (Filter-) Papier kurz in Wasser tauchen, einen Tintenklecks in eine Ecke des feuchten Papiers setzen und das Zauberspiel kann beginnen: Langsam fließt die Tinte weiter, breitet sich aus, wird heller und färbt schließlich das ganze Blatt ein.

Unsichtbare Zauberbilder

Material:
weiße Kerze
oder weißer Wachsmalstift
weißes Papier
Tinte oder Naturfarben
Pinsel

Die Kinder malen mit der Kerze oder dem Wachsstift auf dem Papier viele Linien und andere Kritzeleien. Weil Papier und Wachs weiß sind, ist auf den ersten Blick gar nichts von dieser Malerei zu sehen.

Jetzt beginnt das Zauberspiel: Mit Pinsel und Tinte übermalen die kleinen Farbenzauberer das ganze Papier – und da kommen plötzlich weiße Spuren zum Vorschein!

Färben und Drucken

Was ist Färben und was ist Drucken? Danach könnten die Kinder fragen, und so z. B. könnten Sie den Unterschied erklären: Beim Färben wird das Papier ganz in ein Farbbad eingetaucht, beim Drucken wird Farbe mit einer Form, z. B. einem Stempel, aufgedrückt.

Dann gibt es noch besondere Färb- und Drucktechniken wie Batiken und Marmorieren. Das alles sind interessante Arbeiten, bei denen die Kinder viel lernen und ausprobieren können. Doch nun der Reihe nach:

Für das Farbbad eignen sich z. B. diese Farben:
- Wasserfarben (*Selbst gemacht!* S. 33);
- Naturfarben (*Selbst gemacht!* S. 38);
- Lebensmittelfarben;
- Beize;
- Batikfarben;
- Ostereierfarben.

▶ Erst mal ausprobieren

Wie spannend: Da wird ein Stück Papier bunt angemalt, ohne dass man einen Pinselstrich dafür tun muss! Das wollen die Kinder sicher gleich ausprobieren!

Material:
große Schüssel
Wasser
Farbe
Stab zum Umrühren
Papiere aller Art
alte Zeitungen

Doch bevor die Färberei beginnt, müssen die Kinder einiges vorbereiten: Die Schüssel 1/3 mit Wasser füllen, etwas Farbe einrühren, daneben alte Zeitungen ausbreiten, zum Ablegen der gefärbten Papiere.

Jetzt dürfen die Kinder das erste Blatt Papier in das Farbbad eintauchen, gleich wieder herausnehmen, über der Schüssel etwas abtropfen lassen und auf die Zeitung zum Trocknen legen. Nächster Versuch! Diesmal mit einem Stück Pappe – oder vielleicht das dünne Seidenpapier?

Haben die Kinder die Grundtechnik des Färbens verstanden, werden sie gleich noch mehr ausprobieren wollen. Prima! Dann kann es ja mit den folgenden Experimenten losgehen.

▶ Weitere Experimente

Material:
verschiedene Papiere und Pappen
kleine Dinge aus unterschiedlichem Material,
z. B. Knöpfe, Streichhölzer, Schneckenhaus,
Wollknäuel
mehrere alte Töpfe oder Schüsseln
verschiedene Lebensmittelfarben
viel Zeitungspapier

Beim Einrichten des Farbstudios helfen die Kinder mit: Alle Töpfe oder Schüsseln auf dem Basteltisch bereitstellen, zur Hälfte mit Wasser füllen und in jedes Gefäß eine andere Farbe einrühren. Dann geht es an das Färben der verschiedenen Materialien. Jedes Kind macht seine eigenen Färberversuche und tauscht mit den anderen seine Erfahrungen aus. Was ist gut gelungen, was sieht besonders toll aus, was ist zu blass und sollte noch einmal gefärbt werden?

Mit Ihren Fragen können Sie die Kinder zu weiteren Experimenten animieren:

- Welches Papier lässt sich gut einfärben? Welches gar nicht?
- Wie könnte man Schachteln außen und innen in jeweils anderem Farbton färben?
- Warum lässt sich das Streichholz färben und der Kieselstein nicht? Und was ist mit Stoff, Steinchen, Schneckenhaus, Glasmurmeln, Plastiklöffel?
- Welche Farbe entsteht, wenn ich rotes Papier in ein blaues Farbbad tunke?
- Was passiert, wenn ich ein Filterpapier nur zur Hälfte eintauche?
- Was verändert sich bei einem bedruckten Soff, wenn man ihn umfärbt?

Färberkittel

Material:
Plastiktüten
Schere

Bei der „Färberei" wird viel gekleckert und gespritzt, das ist klar! Deshalb macht es Sinn, alte Kleidung zu tragen, die dann nach und nach durch die vielen Farbspritzer lustig bunt wird. Oder die Kinder schneiden in große Plastiktüten Schlupflöcher für Kopf und Arme und ziehen sich diese selbst geschneiderten Plastikponchos über.

Und was ist mit den Färberhänden?
Kein Problem, nach einem Tag ist auch die letzte Farbspur wieder abgewaschen. Wer nicht gern Farbe an den Händen hat, der könnte Plastik- oder Gummihandschuhe nehmen oder mit einer ausgedienten Spaghetti-Zange die Papiere aus dem Farbsud herausfischen.

Einfärben

Buntpapiere selbst gemacht

Sind die Buntpapiere für das Schnipselbild (siehe Seite 59) ausgegangen? Brauchen die Kinder für ihre Hexentreppen (siehe Seite 80) große, farbige Papierstreifen? Wollen die Kinder ein knallbuntes Pappkartonhaus für ihren Teddy (siehe Seite 10) basteln und kleben? Oder suchen sie für ihre Papierwebarbeit (siehe Seite 118) schöne Papiere in Ton-in-Ton-Farben? Alles kein Problem, denn die Kinder wissen ja, dass sie ihre bunten Papiere selber machen können.

Material:
verschiedene Papiere
breite Schüssel oder Wanne
Wasser
Farben
Rührstab
Zeitungen
dickes Buch

Jedes Kind überlegt, was es basteln möchte, welches Papier es dazu braucht und welche Farbe es am liebsten hätte. Dann die Schüssel mit Wasser füllen, die gewünschte Farbe einrühren und das entsprechende Papier eintauchen. Zum Trocknen wird das Papier zwischen Zeitungsblätter gelegt und mit einem dicken Buch beschwert. Ist es nach dem Pressen immer noch schrumpelig, können Sie mit Bügeln weiterhelfen: Über das Papier ein altes Geschirrtuch legen und dann darüber bügeln.

Wolle färben

Brauchen die Kinder rote Wolle zum Spielen und haben nur weiße oder wollen sie mit vielen unterschiedlichen Wollfäden etwas basteln, haben aber nur Omas hellgraue Sockenwolle? Das ist ein guter Anlass, das Wollefärben auszuprobieren.

Material:
Wolle in hellen Farben
Behälter mit Wasser und Farbe
Zeitungen

Als Farbe eignen sich Lebensmittelfarben, Ostereierfarben oder Naturfarben (siehe S. 38). Die Wolle wird in das Farbbad getaucht und zwar so lange, bis der gewünschte Farbton erreicht ist. Dann herausnehmen, abtropfen, auf Zeitungen legen und trocknen lassen.
Eine Bastelidee dazu:

Wollfaden-Vorhang

Material:
Bunte Wollfäden

Zuerst spannen die Kinder einen dicken Wollfaden von einer Zimmerecke zur andern oder vor ein Fenster oder vor den Eingang der Puppenecke. Über diesen Wollfaden hängen oder knüpfen sie viele bunte Wollfäden dicht nebeneinander (*Wer kann's?*, S. 103).

Sand färben

Lassen Sie zuerst die Kinder raten: Kann man Sand färben? – Ja!

Und das geht so:

Ein Farbbad anrühren und eine Hand voll Sand einrieseln lassen.

Umrühren, ein Weilchen stehen lassen, dann durch ein feines Küchensieb das Sandwasser abgießen.

Den Sand auf einem Teller verteilen und trocknen lassen. Das Trocknen dauert am längsten, nämlich ein bis zwei Tage.

Und das ist eine Bastelidee dazu:

Sandbild in der Flasche

Zuerst an zwei oder drei Schnüre jeweils mehrere Perlen knüpfen und in das Glasgefäß hängen (das kann ein Trinkglas, ein Marmeladenglas oder eine kleine Glasflasche sein).

Mit Hilfe des Trichters den bunten Sand schichtweise einfüllen, am besten so, dass auch Perlenschnüre am Rand festklemmen.

Nun wird es spannend: Die Perlenschnüre langsam aus dem Gefäß herausziehen, dabei entstehen die besonderen Sandzeichnungen.

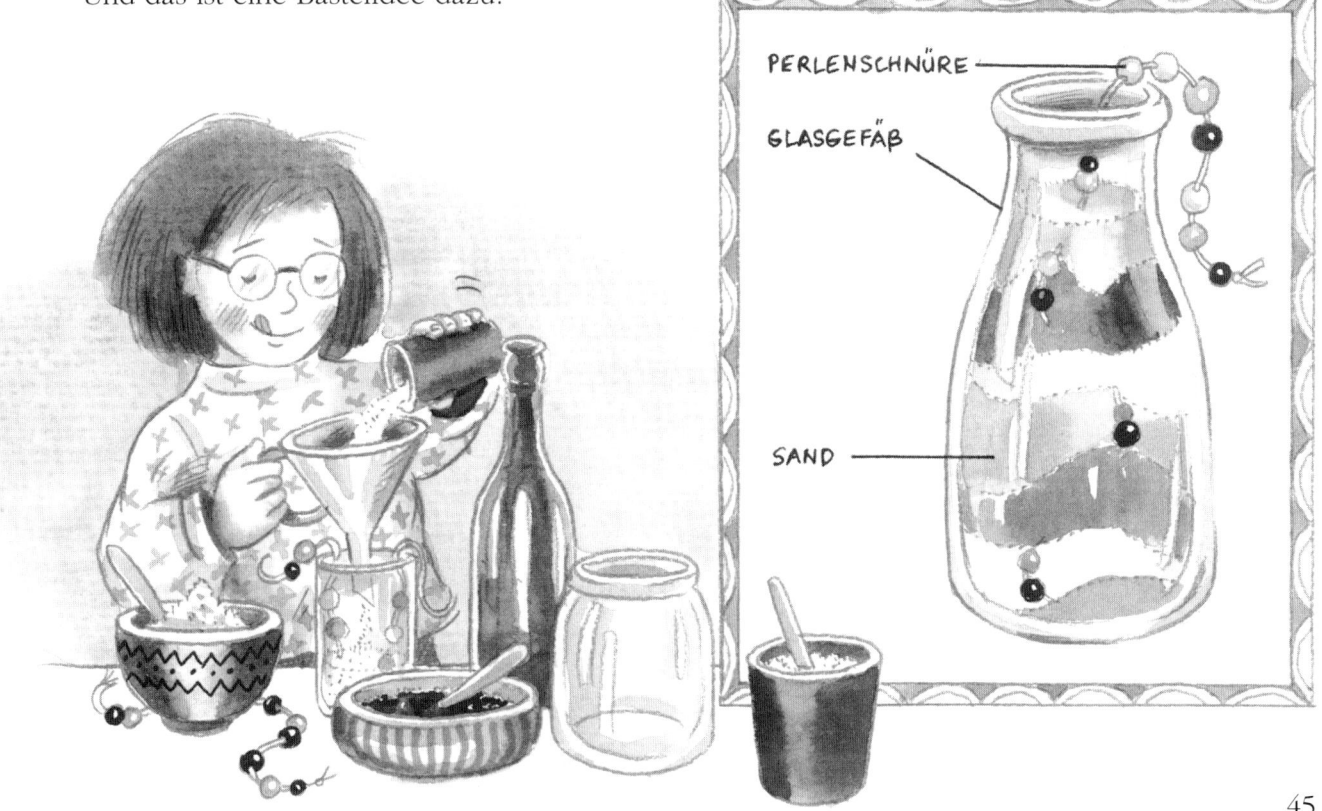

PERLENSCHNÜRE

GLASGEFÄß

SAND

Batiken

Batiken ist ein altes Handwerk mit schönsten Kunstwerken, wie sie z. B. in Indien oder Sri Lanka zu bewundern sind.

In diesem Kapitel werden nur zwei einfache Batiktechniken gezeigt, die jedoch den Kindern riesig Spaß machen und voller Überraschungen sind. Denn bis zum Schluss ist nicht voraussehbar, wie die Farben, Linien und Strukturen ausfallen werden. Und genau das ist so spannend!

Tropf-Batik

Material:
weiße Kerze
Streichhölzer
Papier
Pinsel
Wasserfarben

Wer kann Wachstropfen auf ein Papier träufeln? Wie das geht, sollten Sie den Kindern zuerst genau zeigen, z. B. wie schräg die Kerze gehalten wird, damit das flüssige Wachs in Tropfen herunterfällt. Dann geht es los:

Die Kinder setzen auf das Papier viele dicke Wachstropfen. Anschließend übermalen sie das Bild mit einer hellen Wasserfarbe.

Sie setzen neue Wachstropfen auf das Papier und übermalen das Blatt noch einmal, diesmal mit einer etwas dunkleren Farbe.

Wer will noch eine dritte und vierte Runde anschließen? – Bei jeder Runde immer eine dunklere Farbe zum Übermalen nehmen!

Der Trick dabei ist: Die Wasserfarbe perlt über den Wachstropfen ab, die Farbe unter den Wachstropfen bleibt erhalten.

Pünktchen-Laterne

Material:
weißes Zeichenpapier
weißes Wachs
Pinsel und Wasserfarben
Klebstoff
Teelicht mit Untersetzer

Auf das Papier Wachstropfen träufeln und wie oben beschrieben mit Farben übermalen.

Das Papier zur Röhre zusammenkleben und über ein Teelicht stülpen. Da leuchten die bunten Punkte!

Tauchbatik

Material:
Japanpapier, Küchenkrepp, Papiertaschentücher, Servietten oder Stoffreste
mit Wasser gefüllte Gefäße
Farben
Bindfaden
Wäscheklammer

Für diese Technik braucht man weiches Papier, das dennoch reißfest ist; ideal sind also Japanpapiere oder Papiertaschentücher, auch weiße Stoffreste, Taschentücher, Stoffservietten. Das Färben der Papiere klappt mit Holzbeize, Ostereierfarben oder Naturfarben. Für die Stoff-Batik gibt es extra Batik-Farben zu kaufen (Bastelgeschäft).

Zwei Techniken für die Tauchbatik:

1. Abbinden

Bei dieser Technik das Papier oder den Stoff zu einer lange Wurst zusammenraffen und an mehreren Stellen mit einem Bindfaden fest umwickeln. Dann kommen Papier oder Stoff in das Farbbad, nur ein paar Minuten. Dabei können die Kinder beobachten, wie das Material die Farbe annimmt.

Gefällt der Farbton, Papier oder Stoff wieder herausnehmen, trocknen lassen und den Bindfaden lösen.

Wer will, kann diesen Vorgang mit einer anderen Farbe wiederholen und dabei das Papier oder den Stoff an weiteren Stellen abbinden.

Puppenkleider in neuen Farben

Sind die alten Puppenkleider verblasst? Abgebunden und gebatikt werden sie bald wieder in bunten Mustern strahlen!

2. In Falten legen

Papier und Papiertaschentücher lassen sich auch gut zusammenfalten, entweder mehrmals zur Hälfte oder im Zickzack.

Dann mit einer Wäscheklammer das Papierbündel festhalten und in das Farbbad tauchen. Je nachdem, wie tief und von welcher Seite her das Papier eingetaucht wird, entstehen interessante Muster:

- Nur bis zur Hälfte eintauchen, das Päckchen umdrehen und die andere Hälfte in eine andere Farbe tauchen.
- Das Papierpäckchen nur am Rand eintauchen, vor jedem Eintauchen um 90° drehen und jeweils eine andere Farben nehmen. So entsteht ein Karomuster.
- Nur die Ecken in verschiedene Farben eintauchen.

Fähnchen-Girlande

Das ist ein toller Schmuck für Sommerfeste: Zwischen Büschen und Bäumen, Fenstern und Türen Schnüre aufhängen und viele gebatikte Papiertaschentücher daran festklammern.

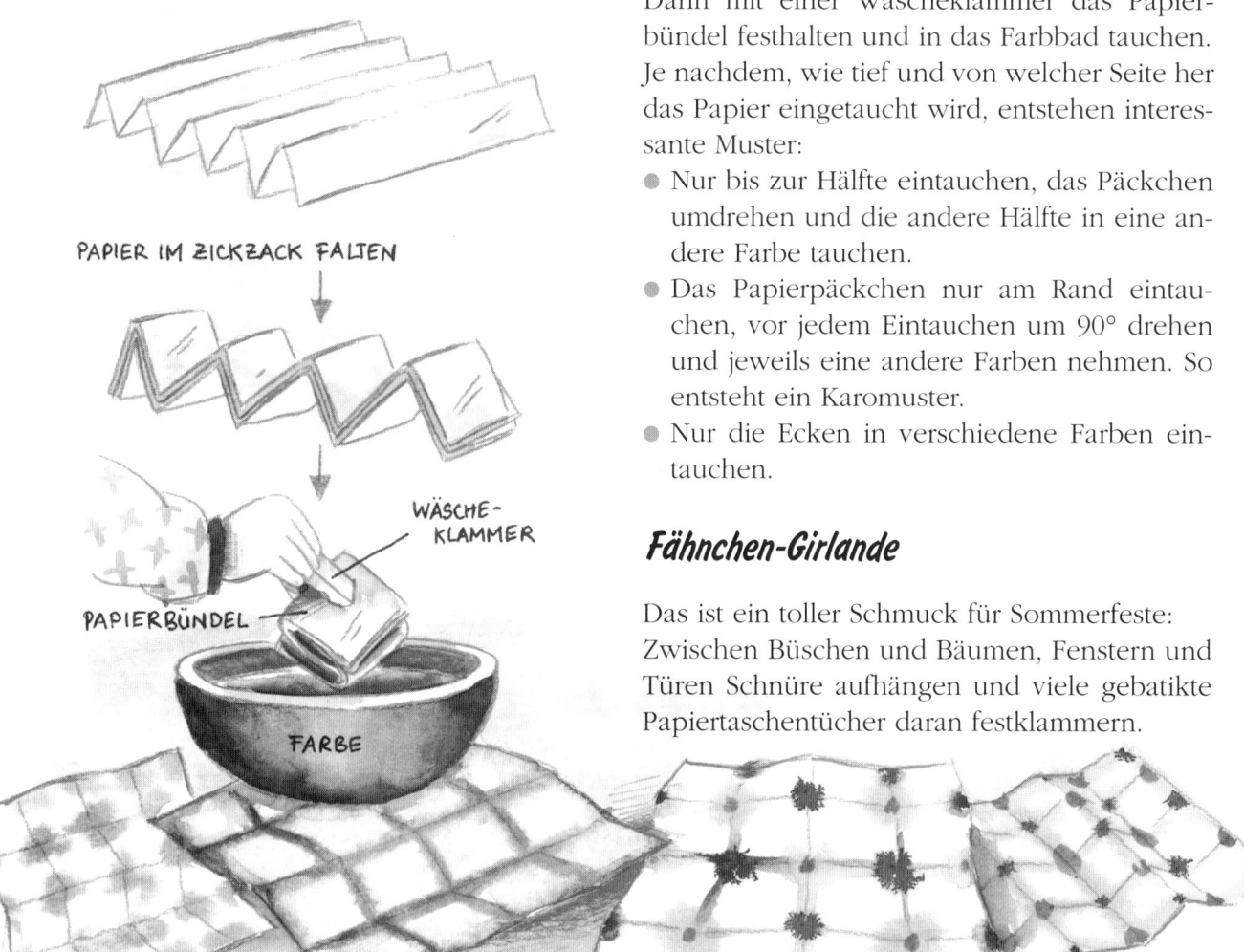

PAPIER IM ZICKZACK FALTEN

WÄSCHE-KLAMMER

PAPIERBÜNDEL

FARBE

ABBINDETECHNIK

Marmorieren

Marmorieren ist – wie Batiken – eine besondere Technik des Färbens, kinderleicht und voller Überraschungen, weil man nicht weiß, wie sich die Ölfarben auf dem Wasser verteilen werden. Öl- oder Batikfarben können Sie in Bastelgeschäften kaufen. Damit die Kinder den Trick mit der auf der Wasseroberfläche schwimmenden Farbe verstehen, dieses Spiel:

Farbentanz im Wasserglas

Material:
Wasser- oder Naturfarben
Öl- oder Marmorierfarbe
Wasser
Speiseöl
kleines Glas mit Deckel

Das Glas zur Hälfte mit Wasser füllen und Wasserfarbe einrühren, dann halb so viel Öl dazu gießen und den Deckel gut verschließen. Jetzt kann der Farbentanz im Glas beginnen: Das Glas schütteln, dabei geraten Wasserfarbe und Öl völlig durcheinander. Doch das Öl gewinnt das Spiel, alle Öltropfen eilen nach oben und verbinden sich wieder zu einer schwimmenden Ölschicht.

Dieses Experiment nun mit Ölfarbe oder Marmorier-Farbe wiederholen. Weil jetzt Ölfarbe mit im Spiel ist, sollte das Wasser nicht mehr eingefärbt werden. Wieder heißt es kräftig schütteln und die Turbulenzen im Glas beobachten. Die Ölfarbe malt im Wasser wunderschöne Farbschlieren und sammelt sich dann auf der Wasseroberfläche.

Tipp: Die Ölfarben zum Entsorgen nicht in den Ausguss schütten, sondern in Flaschen umfüllen und beim Wertstoffhof abgeben.

▶ Erst mal ausprobieren

Material:
flaches, breites Gefäß, z. B. Wanne
Ölfarben
Wasser
Papiere aller Art
Gummihandschuhe
Schnur
Wäscheklammern
Malkittel, Lappen
Zeitungen als Unterlage

Am besten ziehen die Kinder jetzt ihre Färberkittel (siehe Seite 43) und Gummihandschuhe an. Mit etwas Übung können sie die Papiere an einer Wäscheklammer in das Farbbad tunken. Bevor es richtig losgeht, muss dies vorbereitet werden:
Den Tisch mit Zeitungspapier abdecken, die Wanne aufstellen und mit Wasser füllen, die Papiere bereitlegen und die Ölfarbe auf das Wasser träufeln.
Beim ersten Versuch nur eine Ölfarbe nehmen. Sie wird sich schnell auf der Wasseroberfläche verteilen.
Die Kinder beobachten, wie sich die Ölspur ausbreitet, und wenn ihnen das Spurenbild auf dem Wasser gefällt, legen sie ein Blatt Papier darauf und ziehen es auch gleich wieder heraus. Toll, wie das Papier dieses Ölbild vom Wasser wegsaugt.

Beim nächsten Mal wollen die Kinder sicher mit zwei oder mehr Farben experimentieren. Zum Trocknen das Papier mit Wäscheklammern an einer Schnur aufhängen. Nach ein paar Versuchen sollten die Kinder die Reste der Ölfarbe mit einem alten Lappen aufnehmen bzw. aufsaugen, das ölfreie Wasser weggießen und alles wieder neu herrichten.

▶ Weitere Experimente

Haben die Kinder das Marmorieren ausprobiert und geübt, wollen sie gerne weitere Farbenspiele machen.
Dazu diese Ideen:

- Zwei verschiedene Ölfarben auftropfen. Mit einem Stab und mit langsamen Bewegungen auf der Ölfläche Wellen ziehen, so dass Schlieren entstehen, dann erst das Papier auflegen.
- Zwei Farben auf das Wasser träufeln, dann einen Kamm durch den Ölteppich ziehen – das ergibt wieder andere Farbspuren.
- Mit einem Zahnstocher Kreise in die eingeölte Wasseroberfläche ziehen.
- Ein Farbenbild mit drei oder vier Farben gestalten.
- Eine Papprolle über die Ölfläche rollen.
- Ein Papiertaschentuch marmorieren.

Und weiter geht es mit viel Phantasie: Die Kinder werden alles Mögliche und Unmögliche in das ölige Farbbad eintauchen wollen, z. B. auch Blätter, Kieselsteine, Strohsterne, Figuren aus Salzteig, Papierperlen, Plastikautos.
Ob das alles geht? – Ausprobieren!

Marmorierte Bauklötze

Material:
Bauklötze oder Holzreste unbehandelt
Wanne mit Wasser
Ölfarben
Stab
Zeitungspapier als Unterlage
Gummihandschuhe

Die Wanne mit Wasser und Ölfarben vorbereiten und mit dem Stab Muster ziehen.
Einen Bauklotz auf die ölige Farbfläche sanft aufdrücken, aber nicht ganz untertauchen, sondern jede Seite einzeln auf die Farbe drücken und trocknen lassen.

Marmorierte Ostereier

Material:
ausgeblasene Ostereier
Schaschlikstäbe
Wanne mit Wasser
Ölfarben
Zeitungspapier

Ein Osterei wird auf einen Schaschlikspieß geschoben; daran rollen die Kinder das Ei über die Ölfarbe und färben die Eierschale rundum ein.

Drucken

Wie viel Kraft haben die kleinen Kinderhände? Wer hat einen kräftigen und wer einen schlaffen Händedruck? Das „Guten-Tag-Spiel" wird es zeigen: Alle wandern im Raum umher, jeder gibt jedem die Hand und spürt selbst, wie stark seine Hände und die des anderen sind. Anfangs werden die Kinder etwas zögernd mitmachen und eher kichern als zupacken. Doch nach kurzer Zeit haben alle ihren kräftigen Händedruck gelernt! Und das ist nicht nur für das folgende Spiel wichtig.

Hand-Abdruck

Material:
Fingerfarben
Papiere

Zuerst patschen alle mit flacher Hand auf den Tisch, einmal sanft und vorsichtig, einmal kräftig und laut. Schnell ein Papier geholt, die Hände mit Fingerfarbe (*Selbst gemacht!* Siehe S. 20) eingeschmiert und die Kinder patschen weiter, diesmal auf das Papier:
● einmal kräftig und schnell;
● einmal vorsichtig und sanft;
● einmal mit gespreizten Fingern;
● einmal mit zusammengedrückten Fingern.
Jedes Mal sieht der Händeabdruck auf dem Papier anders aus. Das macht Spaß!

Fuß-Abdruck

Material:
Packpapier oder Tapetenrollen
Fingerfarben

Eigentlich müsste die Fingerfarbe jetzt Fußfarbe heißen! Also Schuhe aus, Strümpfe aus, ab in den Waschraum oder hinaus in den Garten.
Dort große Papierbögen auf dem Boden ausbreiten, Füße mit Farbe beschmieren und langsam und bedächtig über das Papier wandern, gerade aus oder im Kreis herum oder im Zickzack, wie es gefällt.
Beim nächsten Mal kommt eine andere Farbe dran.

Druckerschwärze selbst gemacht

Material:
kleiner Porzellanteller
Kerze
Streichhölzer

Diese Druckerschwärze ist nur Ruß – und der ist fein wie Staub. Mit Wasser lassen sich die schwarzen Spuren auf der Haut wieder abwaschen!
Also:
Eine Kerzenflamme so dicht an die Unterseite des Tellers halten, dass dieser unten einrußt und schwarz wird. Wer mit Kerze und Streichholz umzugehen weiß, der kann seinen Teller selber schwärzen. Die anderen schauen besser nur zu.

Finger-Abdruck

Material:
eingerußter Teller
Papier
Filzstifte

Nein, mit dieser Druckerschwärze werden keine Bücher gedruckt, sondern z. B. kohlrabenschwarze Raben. Das geht so:
Den Teller mit der eingerußten Seite nach oben auf den Tisch legen, einen Finger in den Ruß tippen und dann auf das Papier drücken.
Da erscheint der schwarze Fingerabdruck, klein und oval! Gleich ein paar nebeneinander tupfen!
Nun zeichnen die Kinder Schnäbel, Flügel und Beine dazu und schon erscheinen die kleinen Raben im Bild. Wer lieber Käfer daraus machen möchte, der zeichnet Beinchen und Fühler dazu, oder Mäuschen mit Ohren, Schnauze und Schwanz, oder ein Schornsteinfeger-Gesicht mit Augen, Lachmund und Zylinderhut.

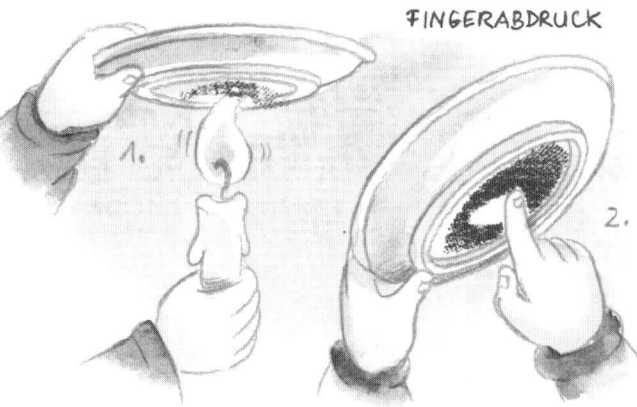

FINGERABDRUCK

SCHABLONENDRUCK

Druckerfarbe selbst gemacht

Material:
2 Tassen Wasser
2 Tassen Mehl
1 Esslöffel Farbpulver
Kochtopf
Rührlöffel
Gläser mit Deckel

Nun kommt Farbe ins Spiel!
Dazu Mehl und Wasser im Topf bei mittlerer Hitze etwa fünf Minuten verrühren, bis es etwas eingedickt ist, dann in Gläser verteilen und jeweils eine andere Farbe unterrühren. Das kann Lebensmittel- oder Naturfarbe sein.

Schablonendruck

Material:
Karton
Schere
Pinsel
Druckerfarbe
Papier

Aus der Pappe schneiden die Kinder kleine Schablonen aus, z. B. Ecken, Streifen, Wolken, Blumen oder Sterne. Diese Schablonen werden mit Farbe überpinselt und dann mit der farbigen Seite auf das Papier gedrückt, gleich mehrmals nebeneinander oder durcheinander. Wenn das nicht beeindruckend ist!
Und was können die Kinder noch machen?
- Ein Motiv mit verschiedenen Farben drucken.
- Ein Motiv im Kreis herum oder als Schneckenlinie drucken.
- Immer zweimal nebeneinander das Motiv drucken.

Abdrucken

Rubbeln

Material:
flache Gegenstände
Papier
Wachskreide

Über den Gegenstand ein Papier legen und mit Wachskreide darüber malen und rubbeln. So kommt Strich für Strich der Abdruck zum Vorschein. Diese Dinge eignen sich prima zum Rubbeln:

- kleiner Schlüssel;
- Kamm;
- Rinde;
- Gräser und Blätter;
- eine Hand voll Sand.

Ratespiel

Heimlich legt ein Spieler etwas unter sein Papier und rubbelt darüber. Nach und nach erscheint das Abbild.
Wer als Erster errät, was es ist, übernimmt die nächste Spielrunde.

Papiergeld

Material:
Münzen
Papier
Wachskreide

Die Münzen unter das Papier schieben und mit den Wachsmalstiften beginnt das Rubbeln, genauer gesagt das Gelddrucken.

Nein, das wird kein Falschgeld, sondern echtes Papiergeld für das Kaufladenspiel! Vorher ausschneiden!

Schnurdruck

Material:
dünne Schnüre
Papier
Pappe als Unterlage
Wasserfarben
Glas mit Wasser
Wellholz

Das ist wieder eine Arbeit voller Überraschungen!
Die Schnur in ein Glas mit Wasserfarbe eintauchen, dann farbig-feucht auf die Pappe legen, z. B. kringeln oder wie eine Schnecke aufrollen oder ein Herz legen. Mit Papier abdecken und das Papier fest aufdrücken oder mit einem Wellholz darüber fahren.
Werden mehrere Schnurdrucke auf das gleiche Blatt aufgedrückt, so entsteht ein Kunstwerk voller bunter Linien. – Aber darauf kommen die Kinder sicher selber!

ABDRUCK

Buchdruck

Natürlich drucken wir kein Buch, mit Buchdruck ist hier etwas anderes gemeint! Und wieder mal eine spannende Farben-Zauberei!

> **Material:**
> altes Telefonbuch
> festeres Papier oder Tonpapier
> Wasserfarbe
> Wollfäden

Zur Vorbereitung des Drucks das Telefonbuch aufschlagen und auf eine Seite ein Blatt Papier legen.

- Die Wolle in Wasserfarbe eintauchen, wieder herausnehmen, kurz abtropfen lassen und auf das Blatt im Telefonbuch legen – als Kringel und Schlaufe oder Welle. Ein Ende des Fadens aus dem Buch hängen lassen.
- Nun legt man ein zweites Blatt darüber, klappt das Buch zu, drückt mit der einen Hand darauf und zieht mit der anderen Hand die Schnur aus dem Buch heraus. Ratsch – und kaum zu glauben, das neue Kunstwerk sieht wirklich schön aus!

Wer Abwechslung liebt, kann hier wieder viel ausprobieren:

- Beim nächsten Mal gleichzeitig zwei Wollfäden mit unterschiedlichen Farben nehmen.
- Den Druckvorgang auf dem gleichen Blatt mehrmals wiederholen.

Beginnen Sie einfach selbst mit dieser Druckerarbeit. Die Kinder werden zuschauen und staunen – und nach kurzer Zeit selbst Hand anlegen wollen. Na klar, das war die Absicht!

PAPIER

TELEFONBUCH

WOLLFADEN

Blätterdruck

Mit Blättern zu drucken ist eine besonders schöne Sache und verdient deshalb eine eigene Beschreibung!

Material:
verschiedene große und kleine Blätter
Papier
Wasserglas
Wasserfarben
Kleister
Teelöffel
Pinsel

Das Wasser im Glas mit Wasserfarbe einfärben und zwei Teelöffel Kleister unterrühren. Dann ein Blatt mit dieser Farbmixtur überpinseln und die farbige Seite auf ein Papier drücken.

Lauter praktische Sachen

Der Basteltisch wird zur Druckerwerkstatt. Hier sitzen die Kinder und besprechen und verteilen ihre Arbeiten. Was ist los? Die Kinder bereiten das kommende Kindergartenfest vor – ein Sommerfest, Laternenfest, Adventsfest, ein Muttertagsfest oder den Oma-und-Opa-Tag – und wollen diesmal alles selber drucken:

- Einladungen;
- Briefumschläge;
- Handzettel;
- Namensschildchen;
- Servietten;
- Tischtücher...

Stempeln

Was für ein Spaß ist für die Kinder das Stempeln! Große und kleine Papiere können sie mit wahrer Begeisterung zustempeln. Dabei geht es ihnen weniger um das Resultat, viel interessanter ist der Vorgang: Den Stempel wieder und immer wieder mit Schwung und lautstark auf das Papier zu klatschen! Hauptsache, man kann das Stempeln hören und gleichzeitig sehen, wie sich das Papier mit bunten Stempelbildern rasant füllt.

▶ Erst mal ausprobieren

Material:
Weinkorken oder Sektkorken
Druckfarben (*Selbst gemacht!* Siehe Seite 51)
kleine Teller
Papiere aller Art
Filzstifte

Wein- oder Sektkorken sind prima Stempel! Also, die Stempelfarbe auf kleinen Tellern verteilen, für jede Farbe einen extra Teller nehmen, und los geht's, z. B. so:
- Dicht nebeneinander stempeln – daraus entsteht eine lange Schlange, der Kopf bekommt Augen aufgemalt. Oder soll es ein Tausendfüßler werden mit vielen kleinen Strichfüßchen?
- Die Stempelschnecke beginnt in der Mitte des Papiers; immer im Kreis herum geht diesmal die Stempelei.
- Auf blaues Tonpapier jeweils drei weiße Stempel dicht nebeneinander aufdrücken – daraus entstehen Schneemänner. Die Augen, Nasen und Hüte sind mit Filzstiften aufgemalt.

Stempelspiele zu Zweit

Material:
Korken
Stempelfarbe
Papier
Filzstifte

Abwechseln

Die beiden Kinder sitzen sich gegenüber am Tisch, ein Blatt Papier liegt zwischen ihnen. Jedes Kind ist mit Stempelfarbe und Stempelkorken ausgestattet.
Eines beginnt und drückt seinen Stempel auf das Papier, mitten hinein, wo es ihm gerade passt. Dann ist das andere Kind an der Reihe und drückt dem Papier auch seinen Stempel auf. So geht es hin und her, bis die beiden beschließen, dass ihr Stempelbild fertig ist.

Stempelspuren

Ein Kind zeichnet mit dem Stift eine Linie auf das Papier, es kann auch ein Kreis oder ein Herz oder ein besonders schönes Muster sein. Das andere versucht mit vielen Stempeln dieser Spur zu folgen.

Stempelrätsel

Einer stempelt einen dicken Korkenpunkt, der andere überlegt, was er daraus malen kann: eine Blume, eine Sonne, einen Käfer, ein Gesicht, einen Luftballon, eine Murmel oder etwas Abstraktes mit einer Linie drum herum?

Stempelkissen selbst gemacht

Material:
Schaumgummi oder Moosgummi
kleine Plastikschale
Stempel- oder Wasserfarbe

Das Schaumgummi so zuschneiden, dass es genau in die Plastikschale passt. Dann Farbe darauf träufeln.

Stempelmotive selbst gemacht

...mit Radiergummis

Es gibt kleine Radiergummis, die aussehen wie Herzen oder Sterne. Diese sind als Stempel prima zu verwenden. In dünne, flache Radierer können die Kinder selber Stempelformen schneiden.

...mit Moosgummi

Auf die Moosgummiplatte einfache Motive aufmalen und ausschneiden. Weil das Moosgummi recht weich ist, empfiehlt es sich, einen Korken als Griff aufzukleben.

...mit Kartoffeln

Eine Kartoffel halbieren und mit einem Messer ein Motiv in die Fläche schneiden. Aber Achtung, die aufgeschnittene Kartoffelfläche ist rutschig, das Messer kann abgleiten. Alles viel zu gefährlich für Kinderhände! Also, schneiden Sie die Kartoffelstempel und mit diesem Trick geht es superleicht: Man drückt ein kleines Ausstecherförmchen etwa 1 cm tief in die aufgeschnittene Fläche, zieht es wieder heraus und schneidet rundum die Seiten weg.

▶ Weitere Experimente

Material:
Obst- und Gemüsehälften
Stempelfarbe
Papier

Klar kann man auch einfach so drauflos stempeln mit einer Kartoffelhälfte – und mit einer Apfelhälfte geht das auch. Wenn das die Kinder entdecken, dann sind sie nicht mehr zu bremsen! Wird in der Küche vielleicht gerade ein Obstsalat oder eine Gemüsesuppe zubereitet? Das könnten Sie doch so einrichten, oder? Und dann könnten ein paar Hälften vom Obst oder Gemüse aussortiert werden. Das wäre prima! Und die Kinder ziehen mit ihren Schätzen wieder zum Basteltisch und sprechen miteinander ab, wer wann welche Hälften zum Stempeln bekommt. Sehr schön sehen z. B. gestempelte Paprika-, Birnen-, Tomaten- oder Zitronenhälften aus.

Tuch für Mama

Material:
Stempel in Herzform
Stoffmalfarbe
weißes Baumwolltuch

Bevor die kleinen KünstlerInnen loslegen, sollten sie überlegen, wie sie ihr Tuch gestalten möchten, und das Muster zuerst auf einem Papier in gleicher Größe ausprobieren. Sollen die Herzen bunt durcheinander aufgedruckt werden oder in einer Reihe am Rand entlang, in der Mitte als Kreis oder alles zusammen?
Das mit Stoffmalfarben bedruckte Tuch nach Anleitung überbügeln, dann sind die Farben waschecht.

Reißen und Schneiden

Zerreißen

Ratsch – das Papier ist zerrissen! Aber nichts ist kaputt, keiner schimpft, im Gegenteil, alle machen mit, sind begeistert dabei! Ratsch – weiter geht die Reißarbeit. Wenn es die Finger noch nicht so gut schaffen, packen die Fäuste zu. Bei großen Zeitungsbögen geht das prima. Und wer kann ein kleines Schnipselchen ein zweites Mal durchreißen?

Die Lust am Experimentieren ist geweckt und das Spiel könnte z. B. so weitergehen:

▶ Erst mal ausprobieren

Material:
verschiedene Papiere

Zeitungen, Kalenderblätter, Zeitschriften, Prospekte, Werbepost, Telefonbücher, Geschenkpapiere, Tüten, Einwickelpapier, Kartons, Wellpappe – alles ist zu gebrauchen.

Die Kinder wühlen auch in der Papiersammelkiste (siehe Seite 5), wählen Papiere aus und erproben ihre Zerreiß-Kräfte. Mit dünnem Papier geht es leicht, aber dicke Pappe geht gar nicht. Oder doch? Einer hält fest, der andere zieht, so könnte es klappen!

Zum Schluss, wenn alle Kräfte erlahmt sind, lassen sich die Kinder in die Schnipselberge auf dem Boden fallen. Das raschelt wie Herbstblätter! Die Kinder wühlen darin herum und werfen die Papierschnipsel in die Luft. Später helfen alle beim Einsammeln mit, das ist Ehrensache! Aber nicht wegwerfen – diese Schnipsel kann man noch gebrauchen...

Schneeflocken-Spiel

Material:
weißes Papier

Was, draußen liegt kein Schnee? Wie schade! Dann machen die Kinder eben ihr Schneegestöber selber und reißen Papier in viele kleine Schnipsel. Da müssen viele Hände mitmachen, damit nachher ein richtiger Schneesturm im Zimmer toben kann.

Die Papierschnipsel werden in einen Korb gefüllt, dann steigt ein Kind auf eine Leiter oder klettert auf den Tisch, bekommt die Schnipselschachtel und darf wie Frau Holle die Papierflocken schneien lassen. Lachend werden die Kinder mit den Schneeflocken tanzen – ein Riesenspaß, vor allem, wenn Frau Holle es auch mal im Sommer schneien lässt!

Klar, dass die Kinder beim Zusammenkehren der Schnipsel auch mitmachen.

Papierbälle

Material:
Papier
Papierschnipsel
Kleister-Kleb (*Selbst gemacht! Siehe Seite 5*)

Die Kinder knüllen ein Papier fest zusammen, kleistern mit den Händen den Papierball ein und kleben viele Papierschnipsel rundum.

Der Papierball muss nun ein paar Stunden trocknen. Aber dann geht es los, am besten in der Turnhalle oder im Flur, wo viel Platz zum Werfen und Rennen ist!

● Wer trifft in den Papierkorb?
● Wer kann mit seinem Ball durch den aufgestellten Reifen zielen?
● Wer kann seinen Papierball bis zur Decke hochwerfen?

Schnipselbilder

Material:
Papierschnipsel
Papier, Tonpapier
Kleister-Kleb (*Selbst gemacht! Siehe Seite 5*)
Pinsel
Wachsmalstifte

Sommerbild: Mit viel Grün eine Sommerwiese malen und viele bunte Papierschnipselblumen auf der Wiese verteilen und festkleben.

Winterbild: Auf das Tonpapier die Umrisse eines Schneemanns malen, dann mit Klebstoff bestreichen und mit vielen Papierschnipseln vom Schneeflocken-Spiel bekleben.

Schnipsel-Hut

Material:
bunte Papierschnipsel
alter Strohhut oder Papierhut
Kleister-Kleb (*Selbst gemacht! Siehe Seite 5*)
Pinsel

Die Außenseite des Hutes mit Kleister einstreichen, dann mit bunten Papierschnipseln rundum bekleben. Wer will, kann die Papierschnipsel nach Farben sortiert zerreißen und damit Farbmuster kleben.

Schnipsel-Luftballon

Material:
bunte Schnipsel
Kleister-Kleb (*Selbst gemacht! Siehe Seite 5*)
Pinsel
Luftballon

Den Luftballon aufblasen und verknoten. Das Aufblasen können die Kinder probieren und üben, aber das Verknoten ist für Kinderhände zu schwierig. Machen Sie es!
Dann basteln die Kinder weiter: Den Ballon mit Kleister einpinseln, viele Schnipsel aufkleben, trocknen lassen und an eine Schnur binden (*Wer kann's?*, S. 103).
Der Luftballon hält ewig, kann Zimmerecken oder Party-Räume schmücken, für alle bekannten Luftballonspiele herhalten oder mit aufgeklebten Pappfüßen und aufgemaltem Gesicht zu einem Luftballonzwerg werden.

Streifen reißen

Wer kann von einem Blatt Papier einen Streifen abreißen? Das hört sich einfach an, ist es aber gar nicht – und für Kinderhände erst recht nicht! Aber Übung macht den Meister und diese Geschicklichkeit können Kinder bei vielen Bastelarbeiten gut gebrauchen.

Die Kunst bzw. das Geschick besteht darin, mit den Fingern das Papier festzuhalten und dann mit einer Hand in eine Richtung zu ziehen und zu zerren, bis das Papier reißt. Jetzt mit gleichmäßiger Kraft und ruhiger Hand das Papier weiter reißen. Ganz schön kompliziert.

Anfangs werden es keine Streifen sein, was die Kinder abreißen, sondern Papierfetzen in allen Formen. Doch mit etwas Übung bekommen die Kinder mehr Geschick – und noch ein bisschen Übung, und sie sind im Streifenreißen perfekt. Dazu ein paar Ideen:

▶ Erst mal ausprobieren

Papiere aller Art liegen auf dem Tisch. Die Kinder reißen lange Streifen ab. Schnell merken sie selbst, dass das mit dünnen Papieren leichter als mit festen Pappen funktioniert. Und mit welchen Papieren geht es am besten, mit Seidenpapier, Transparentpapier oder Zeitschriftenpapier? Und was ist, wenn man zwei Blätter übereinander legt und diese dann in Streifen reißt?

Mit solchen oder ähnlichen Fragen können Sie die Kinder zum Weitermachen animieren, denn die Antworten wollen sie bestimmt herausbekommen.

Windlicht

Material:
Seidenpapiere in allen Farben
Kleister-Kleb (*Selbst gemacht!* Siehe Seite 5)
Pinsel
Einmachglas
Teelicht

Von dem Seidenpapier viele dünne Streifen abreißen. Das Glas mit Kleister einstreichen und diese Papierstreifen quer und rundherum ankleben. Eine Farbe wechselt die andere ab.

Das gibt ein schönes Laternenlicht, wenn ein Teelicht im Glas leuchtet.

Feuer-Laterne

Material:
Transparentpapiere in den Farben Rot, Orange, Gelb
Marmeladenglas
Kleister-Kleb (*Selbst gemacht!* Siehe Seite 5)
Pinsel
Teelicht

Bei dieser Bastelei kleben die Kinder die dünnen Streifen der Länge nach auf das Glas, dicht nebeneinander und auch etwas übereinander. Das Papier immer über den Rand des Glases herausragen lassen und schräg abreißen, so dass eine Spitze entsteht. Jetzt sehen die feuerfarbigen Streifen wie kleine Flammen aus und werden sogar richtig leuchten und flackern, wenn ein Teelicht im Glas angezündet ist.

Berglandschaft

Material:
Transparentpapiere in blauen und grauen Farbtönen
weißes Transparentpapier
Kleister-Kleb (*Selbst gemacht!* Siehe Seite 5)
Klebeband

Mit Schwung reißen die kleinen KünstlerInnen einen langen Streifen von jedem Papierbogen ab und legen alle Streifen auf dem Tisch dicht aneinander – die dunklen Farbstreifen unten, die hellen oben. Wie eine Berglandschaft in weiter Ferne sieht das Bild jetzt aus.
Die Streifen nun mit Kleister auf den weißen Transparentpapierbogen aufkleben und mit Klebeband am Fenster befestigen.
Am schönsten wirkt das Bild, wenn es so breit wie die Fensterscheibe ist und oben ein Streifen frei bleibt, durch den die Sonne scheinen kann.

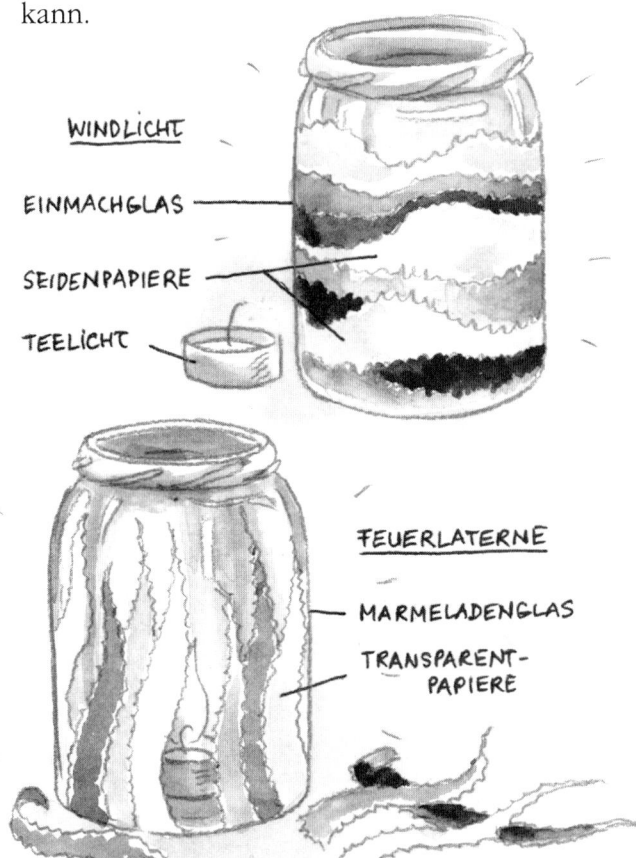

WINDLICHT

EINMACHGLAS

SEIDENPAPIERE

TEELICHT

FEUERLATERNE

MARMELADENGLAS

TRANSPARENT-
PAPIERE

Rasseln und Trommeln

Material:
Buntpapier
Kleister-Kleb (*Selbst gemacht!* Siehe Seite 5)
Pinsel
kleine Schachteln oder Pappröhren
kleine Steinchen oder trockene Erbsen

Die Schachteln oder Pappröhren kleben die Kinder mit Kleister und bunten Papierstreifen rundum zu, am besten mit zwei oder drei Lagen.
Wer trommeln will, überklebt die Deckel so, dass sie als „Trommelfell" gut halten.
Wer rasseln will, füllt in die Schachteln und Pappröhren ein paar kleine Steinchen oder eine Hand voll trockener Erbsen und klebt dann erst Deckel und Öffnungen dicht zu.
Die Musikinstrumente müssen noch ein paar Stunden trocknen. Dann aber beginnt das Musikspiel.

Wander-Musik

Alle haben ihre selbst gebastelten Trommeln oder Rasseln in der Hand und verteilen sich im Raum. Ein Kind beginnt und wandert trommelnd oder rasselnd zwischen den anderen umher, tippt dann einem Kind auf die Schulter, dieses schließt sich an und spielt auch gleich mit. So wird die Reihe immer größer, bis schließlich die ganze Gruppe spielend im Kreis herumwandert.
Wenn die Kinder im Gehen musizieren, werden sie von alleine im gleichen Rhythmus spielen, weil sie ihren Spielrhythmus ihren Schritten anpassen.

Schneiden

▶ Erst mal ausprobieren

Wie gut, dass es die kleinen Kinderscheren gibt, da können die Kinder nach Herzenslust schnippeln und schneiden!

Alles probieren sie aus, z. B. wie sie die Schere halten, links oder rechts, wie weit sie die Finger in die Grifflöcher stecken, so dass sie die Schere gut führen können, wie weit sie in ein Blatt Papier auf einen Schnapp hineinschneiden können, wie leicht es ist, dünne Papiere durchzuschneiden, wie viel Kraft sie in den Fingern brauchen, um ein Stück Pappe zu zerteilen.

Erste Regel:
Lasse die Schere auf dem Tisch liegen,
wenn du vom Basteltisch weggehen willst.

Also, alle Scheren wieder auf den Tisch legen und dann erst losziehen und die vielen Dinge zusammensammeln, die man schneiden möchte, z. B. Papiere, Pappe, Folien, Silberpapiere, Bonbonpapierchen, alte Briefumschläge, Prospekte, Strohhalme, Stoffreste, alter Topflappen, Knete, Moosgummi, dünne Plastikdeckel, Fliegennetz, Einkaufsbeutel, Bast, Lederreste, Zweige, getrocknetes Moos, Mandarinenschalen. Auch große Vorhänge und alte Tischdecken können dabei sein, denn die Kinder wollen ganz bestimmt wissen, wie es ist in etwas hineinzuschneiden, was sonst nicht erlaubt ist! Ja, wenn die Sachen auf dem Basteltisch liegen, ist das Schneiden auch erlaubt! Das ist die andere Regel:

Zweite Regel:
Du darfst nur das schneiden,
was auf dem Basteltisch liegt.

▶ Weitere Experimente

Sie machen das Schneiden vor, die Kinder machen es nach. Aber nur am Anfang, denn mit ein bisschen Übung und Erfahrung werden die Kinder im Umgang mit der Schere immer sicherer und wollen bestimmt noch mehr ausprobieren, z. B.
- von Zetteln die Ecken abschneiden;
- eine Postkarte durchschneiden;
- an einer Linie entlang schneiden;
- einen Kreis ausschneiden;
- große Papierbögen halbieren;
- einen Briefbogen kreuz und quer total zerschneiden;
- Seidenpapier zusammenraffen und durchschneiden.

Schnipsel-Collage

Material:
die Stücke von den Experimenten (siehe oben)
dicke Pappe
Klebstoff

Zuerst die Pappe mit Klebstoff dick bestreichen, dann die vielen Stücke dicht nebeneinander aufkleben. Da können viele Kinder gleichzeitig mitmachen! Stolz betrachten sie am Ende ihr Werk: Wie bunt und schön diese Schneide-Schnipsel-Collage aussieht!

Abschneiden

Strohhalme kürzen

Schnipp – das Strohhalmstückchen ist abgeschnitten und fliegt in hohem Bogen irgendwo hin. Schnapp – das nächste fliegt hinterher. Die Kinder kichern. Nachher werden sie die kleinen Flieger wieder einsammeln...

Material:
bunte Strohhalme oder Trinkröhrchen

Viele bunte Strohhalme liegen auf dem Tisch. Weil sie fest und steif sind, kann man sie gut halten und gut abschneiden. Es macht Spaß, mit jedem Schnapp den Strohhalm zu kürzen.
Und wer kann zwei gleich lange Strohhalme abschneiden? Wie geht das am besten?
Ausprobieren!
Können die Kinder mit den vielen kleinen Strohhalm-Röllchen auch etwas basteln? Ja, beispielsweise dies:

Halskette

Material:
bunte Strohhalme oder Trinkröhrchen
bunte kleine Papiereckchen
Faden und Nadel

Die abgeschnittenen Röhrchen sehen wie kleine Perlen aus. Da wird bestimmt ein Kind auf die Idee kommen, diese aufzufädeln (*Wer kann's?*, S. 121) und sich mit der selbst gemachten langen bunten Kette schmücken.
Wenn das die anderen Kinder sehen, werden sie es gleich nachmachen. Vielleicht mit kleinen bunten Papierschnipseln dazwischen?

Faden abschneiden

Das sollten die Kinder unbedingt lernen, denn wie oft müssen sie beim Spielen oder Basteln einen Faden abschneiden. Ab sofort können sie es selber machen!

Material:
Fadenrollen, Wollknäuel, Garnrollen, Schnüre und Geschenkbänder

Weil diese Materialien elastisch sind, gelingt das Abschneiden zuerst nicht so gut, die Schnur rutscht weg und die Wolle verdreht sich. Also üben – und dazu dieses Spiel anbieten:
Ein Kind denkt sich eine Schneide-Aufgabe aus und die anderen überlegen und probieren, wie sie zu lösen ist, z. B.:
- Einen Faden abschneiden, so lang, wie man selber ist!
- Lauter gleichlange Wollfäden abschneiden.
- Minikleine Fadenstückchen abschneiden!
- Einen Faden von der Garnrolle herabhängen lassen und diesen hängenden Faden abschneiden.

Kinder helfen Kindern
Manche Kinder sind beim abschneiden sehr geschickt und könnten deshalb den anderen zeigen, wie es geht. So erleben die Kinder, wie sie sich selber helfen können! Das schafft untereinander Vertrauen. Ein gutes Gefühl!
Also, halten Sie sich zurück, wenn eines der Kinder die Sache erklären und zeigen kann.

Einsschneiden

Klarer Fall: Beim Einschneiden schneidet man nicht ganz durch! Das sollten Sie den Kindern genau zeigen und den Unterschied erklären, damit sie zukünftig beim Basteln wissen, wie das Einschneiden geht, und dass das Durchschneiden etwas anderes ist.

▶ Erst mal ausprobieren

Material:
Zettel, Karten
Scheren

Alle Materialien liegen auf dem Tisch und nach der Regel Nr. 2 (siehe Seite 62) dürfen die Kinder alles zerschneiden. Doch, wie gesagt, diesmal nur einschneiden! Wie tief, wie weit, wie oft? Das ist egal, Hauptsache, man hält mit dem Schneiden am anderen Ende rechtzeitig an, so dass nichts durchgeschnitten wird.
Wer das Papier knickt, bekommt beim Einschneiden gleich zwei Schnitte oder einen langen Schlitz, je nachdem, von welcher Kante her eingeschnitten wurde.
Dazu die folgenden Bastelideen:

Laternchen

Das ist eine klassische Bastelarbeit, die schon unsere Ur-Ur-Großmütter zur Weihnachtszeit gebastelt haben.

Material:
Goldpapier
Schere
Klebstoff

Vom Goldpapier schneiden die Kinder einen Streifen ab, dieser sollte exakt geschnitten werden. Wenn das die Kinder noch nicht so gut können, machen Sie es.
Den Streifen der Länge nach falten und von der Faltkante her viele Einschnitte machen.
Das Papier wieder auseinander falten, zu einem Ring zusammenkleben und so zurechtdrücken, dass die Streifen etwas nach außen knicken.
Als Tischlaterne ein Teelicht in die Mitte stellen, als Christbaumschmuck noch einen kleinen Henkel zum Aufhängen drankleben.

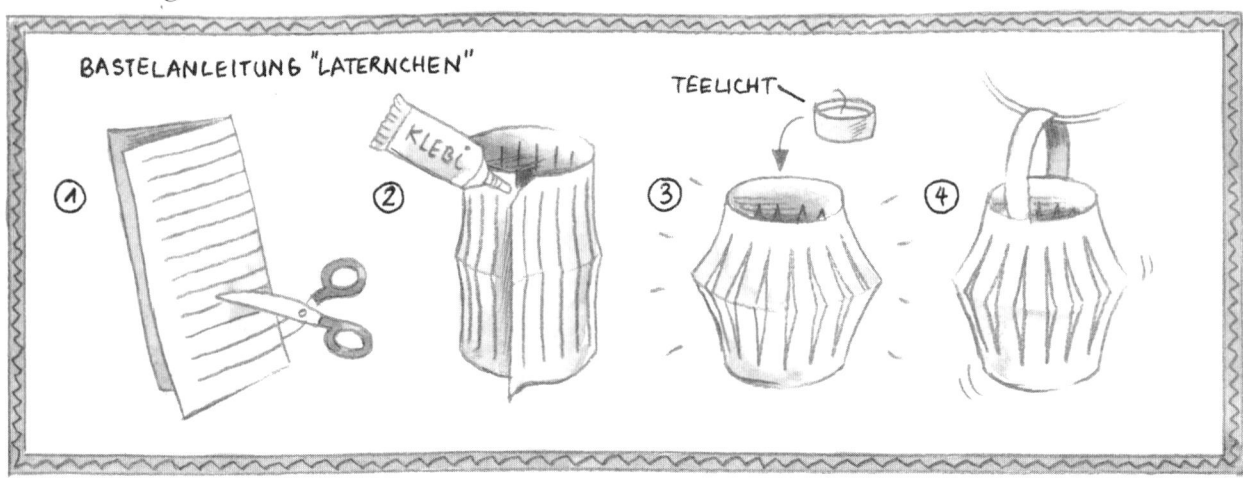

BASTELANLEITUNG "LATERNCHEN"

KLEB!

TEELICHT

① ② ③ ④

Tanzwedel

Material:
Krepppapier
Schere
Klebstoff
kurzer Stab

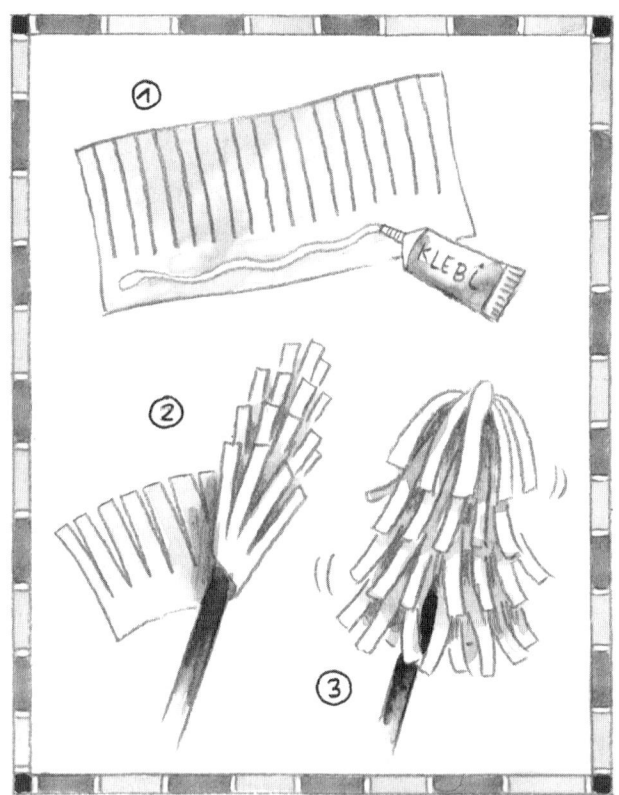

Von der Krepppapierrolle einen etwa 30 cm breiten Streifen abschneiden und an einer Seite viele tiefe Einschnitte schneiden, dicht nebeneinander; sie sehen aus wie Fransen.
Den gegenüberliegenden Rand, der nicht eingeschnitten wurde, mit Klebstoff bestreichen.
Den Fransenstreifen an diesem Kleberand um den Stab wickeln und festdrücken.
Jetzt flattern und rascheln die Fransen bei jeder Bewegung mit dem Stab. Mit diesem Wedel macht das Tanzen noch einmal so viel Spaß!

Streifen schneiden

▶ Erst mal ausprobieren

Material:
Papiere
Scheren

Viele verschiedene Papiere liegen auf dem Tisch und die Kinder probieren einfach mal aus, ob sie lange Streifen schneiden können. Die Schnittlinie wird anfangs schief und wellig sein. Macht nichts! Gerade Schnitte gelingen erst mit Übung. Damit das Üben nicht langweilig wird, wieder eine Spielidee dazu:

Streifen-Wunsch-Spiel

Sie sind Spielleiter und dürfen Wünsche äußern; Ihre Mitspieler bemühen sich, diesen Wunsch zu erfüllen. Was gibt es zu wünschen?
„Ich wünsche mir einen kleinen Streifen!"
„Ich wünsche mir einen ganz langen Streifen!"
Später wünschen Sie sich zwei Eigenschaften, z. B. einen dicken, kleinen Streifen. Und ganz zum Schluss wird es richtig kompliziert, denn Sie beschreiben mit drei Begriffen Ihren Wunsch, z. B. einen roten, breiten, langen Streifen. Und da geht auch gleich die Suche nach dem richtigen Papier los.
Wie stolz sind die Kinder, wenn sie alles richtig gemacht haben!

Streifenwirbel

Material:
Buntpapier
Schere

Einen etwa 20 cm langen und 2 cm breiten Streifen aus Buntpapier schneiden.
Den Streifen außen am Rand gegengleich bis zur Mitte einschneiden und ineinander stecken. Wird der „Ring" in die Luft geworfen, dreht und tanzt er wirbelnd zu Boden. Ein toller Spaß!

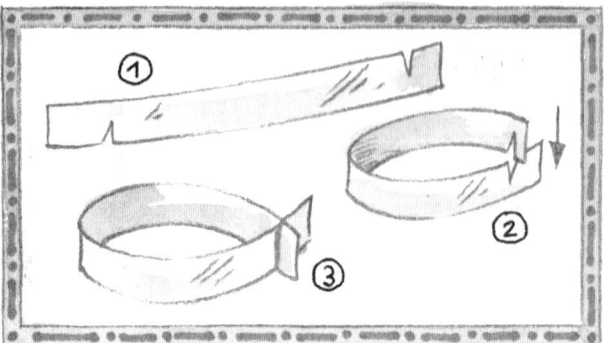

Regenbogenschlange

Material:
Krepppapier in vielen Farben
Geschenkbänder
Faden
Schere
kleiner Plastikball

Die Regenbogenschlange besteht aus vielen langen bunten Krepppapier-Streifen und Geschenkbändern, welche die Kinder natürlich selber zuschneiden bzw. abschneiden.
Alle Bänder und Streifen an einem Ende zusammenraffen und mit dem Faden fest umwickeln, damit sie zusammenhalten.

Nehmen Sie nun den Plastikball und schneiden einen Schlitz ein.
In diesen Schlitz schieben und quetschen die Kinder das umwickelte Ende ihres Streifenbündels hinein. Fertig ist die Papierschlange – in hohem Bogen fliegt sie mit flatternden Bändern durch die Luft.

Regenbogenschlangen-Spiel

Auf „Achtung, fertig, los!" werfen alle Kinder gleichzeitig ihre Papierschlangen weit weg und die bunten Streifen der Regenbogenschlangen zeichnen ein prächtiges Farbenspiel in die Luft. Viel zu schnell fallen sie wieder auf den Boden. Gleich noch einmal? Na klar!

KREPPPAPIER-BÜNDEL

SCHLITZ

PLASTIKBALL

Zacken schneiden

▶ Erst mal ausprobieren

Material:
Papier
Schere

Wer kann eine schöne, spitze Zacke schneiden? Die Kinder überlegen, probieren, schneiden und betrachten ihr Werk. Ist das schon eine Zacke? Zacken brauchen nicht gleichmäßig auszusehen, Hauptsache eine Spitze ist dran.

Zackenlinien

Material:
Buntpapier
Schere

Die Kinder schneiden das bunte Papier erst in Streifen und versehen diese mit lauter Zacken. Zeigen Sie den Kindern, wie sie dabei am geschicktesten vorgehen: immer schräg im Zickzack einschneiden und nicht durchschneiden. Dabei fallen lauter kleine Dreieckchen ab. Die Zacken können unterschiedlich lang sein, das ist o.k. so!
Die Kinder können auch auf jeder Seite des Streifens Zacken einschneiden. Und was damit machen? Zum Beispiel dies:

Zacken-Collage

Alle gezackten Streifen kleben die Kinder kreuz und quer auf ein Blatt Papier. Dieses moderne Zacken-Kunstwerk kann sich sehen lassen!

Zackensterne

Material:
quadratisches Papier oder Goldfolie oder Alu-Deckel von Joghurtbechern
Schere

Das Papier oder den runden Alu-Deckel dreimal falten (*Wer kann's?*, S. 75), eine Spitze zuschneiden und alles auseinander falten.
Wer es hingekriegt hat, wird gleich viele Sterne schneiden wollen. Dazu diese Bastelidee:

Sterntaler-Vorhang

Die Sterne an Goldbänder kleben und an Tür oder Decke hängen. Wer möchte durch den Sternenregen von Sterntaler gehen? Natürlich alle Kinder!

① ② ③ ④ GESCHLOSSENE SEITE

Wellen schneiden

Das Wellenschneiden ist sicher die schwierigste Schneidetechnik für die Kinder. Wer will es trotzdem versuchen? So könnten Sie beispielsweise die Schneidetechnik erklären: „Haltet mit der einen Hand das Papier, mit der anderen Hand die Schere. Jetzt beißt die Schere Stück für Stück ins Papier. Und noch während sie zuschnappt, dreht ihr das Papier ein bisschen."

▶ Erst mal ausprobieren

Material:
Papiere aller Art
auch Metallfolien
Scheren

Die mutigen Schneide-Lehrlinge setzen sich an den Basteltisch und versuchen ihr Glück: Zuerst mit wilden Wellenlinien, wobei die Schere hin und her kurvt. Dann mit einem Kreis, da muss die Schere in der Kurve bleiben und das Papier mitgedreht werden, bis die Schere wieder am Ausgangspunkt angekommen ist – und zum Schluss fällt der Kreis aus dem Papier. Gratuliere, gut gemacht!

Riesenschlange

Material:
Packpapier
Schere
Klebstoff
Buntpapier

Vom Packpapier einen langen, breiten Streifen abschneiden und der Länge nach falten.

Längs entlang eine schwungvolle Wellenlinie schneiden und das Papier auffalten – da fallen links und rechts die Randstreifen weg und eine lange Riesenschlange kommt zum Vorschein.
Aus dem bunten Papier Kreise ausschneiden und die Schlange damit verzieren. Sie bekommt auch zwei kleine, grüne Augenkreise und eine Zunge mit zwei Spitzen aus rotem Buntpapier aufgeklebt.

PAPIERSTREIFEN DER LÄNGE NACH FALTEN

WELLENLINIE SCHNEIDEN

FERTIG IST DIE RIESENSCHLANGE!

Windschlange

Material:
Buntpapier oder bunte Weihnachtsfolie
Schere
Faden

Einen tellergroßen Kreis ausschneiden, am besten Freihand, denn es kommt auch hier nicht darauf an, dass der Kreis wirklich kreisrund ist.

Wer es sich nicht traut, kann einen Teller auf das Papier legen, ihn mit einem Stift umfahren und entlang der Linie ausschneiden.

Und nun in den Kreis eine Schneckenlinie schneiden, wieder Freihand, und wer sich auch das nicht traut, kann mit dem Stift seine Schneckenlinie vorzeichnen.

Zum Schluss am Kopf der Papierschlange einen Faden befestigen und die Schlange ans Fenster hängen – sie dreht sich bei jedem kleinsten Windhauch.

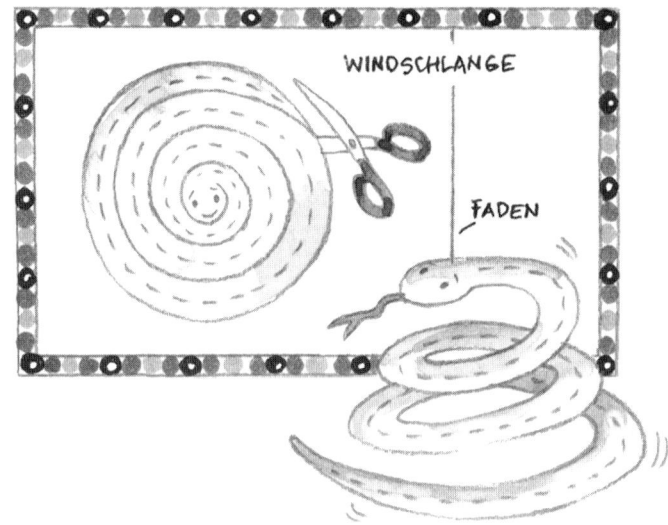

Ausschneiden

„Hier hast du etwas zum Ausschneiden!" Was für eine schwierige Aufgabe für die Kinder! Denn da müssen sie an einer Linie entlang schneiden, gerade oder rund oder übers Eck anschneiden! Alles leichter gesagt, als getan! Doch wenn die Kinder die vorangegangenen Schneide-Spiele kennen gelernt haben, gelingen ihnen die folgenden Ausschneidearbeiten auch.

Papier ausschneiden

Material:
Zeitschriften, Prospekte
Papierbogen
Klebstoff
Kalenderblätter
Scheren

Die Kinder wählen schöne Bilder und schneiden sie aus, so gut es geht. Anfangs werden die Bildmotive mit groben Schnitten umrundet, das ist o.k. so! Doch Übung macht wieder den Meister und die Kinder werden immer genauer und sorgfältiger zu Werke gehen.

Alle ausgeschnittenen Bilder werden zu einer Collage zusammengestellt und aufgeklebt. Vielleicht wollen die Kinder ihre Bilder sortieren und gleiches zusammenkleben, z. B. Tiere, Autos, Flugzeuge, Blumen, Spielsachen, Familien, Sachen zum Essen...

Ein Ratespiel dazu:
Ein Kind stellt eine Frage, z. B.: „Wo ist die kleine Katze?" Die anderen suchen. Wer die Katze zuerst gefunden hat, stellt die nächste Suchaufgabe.

Metallfolie ausschneiden

Material:
Ausstechförmchen, z. B. Blatt, Stern, Vogel, Herz
Goldfolie oder Metallfolie
weiche Unterlage
Schere
Basteldraht
Stopfnadel

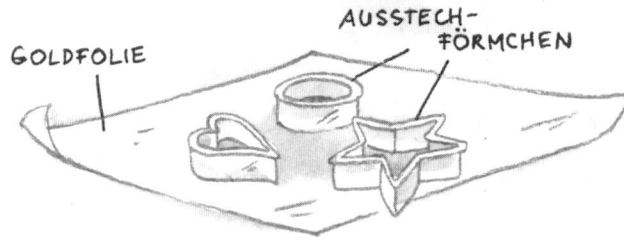

GOLDFOLIE   AUSSTECH-FÖRMCHEN

Auf der weichen Unterlage rollen die Kinder die Folie aus, drücken die Ausstechförmchen kräftig auf die Folie, so dass ein Abdruck entsteht, und schneiden entlang dieser eingedrückten Linie die Form aus.

Mit der Stopfnadel pieksen sie ein Loch ein, ziehen den Basteldraht durch und biegen eine Schlaufe.

Diese Anhänger sind ein schöner Zimmerschmuck oder verzieren den Christbaum oder Jahresbaum (siehe Seite 108).

Stoff ausschneiden

Material:
bunt bedruckte Stoffreste
Schere
Klebstoff
Fotokarton

Wie bunt und phantasievoll manche Stoffe bedruckt sind, z. B. mit Blumen, Sonnen, Teddys oder anderen Spielsachen – geradezu ideal für diese Bastelarbeit:
Die Stoffe werden ausgebreitet und die Kinder schneiden aus, was ihnen gefällt. Stoffe schneiden ist nicht einfach, weil der Stoff nachgibt und nicht flach liegen bleibt wie beispielsweise ein Stück Papier. Aber mit ein bisschen Übung geht auch das!

Die ausgeschnittenen Stoffbilder können die Kinder auf Fotokarton, einfarbige Kissen aufkleben oder auf eine alte Tischdecke, die sich nun in einen originellen Wandbehang verwandelt, der z. B. den Eingang des Kindergartens schmückt.

Fenster und Türen ausschneiden

Murmelhaus

Material:
Schuhschachtel
Buntpapier
Schere
Murmeln zum Spielen

Am Rand der Schachtel wird ein großes Stück herausgeschnitten, das kann ein Dreieck sein oder ein Viereck oder ein Halbkreis. Die Schachtel umdrehen, jetzt sieht sie wie ein Haus mit einem großen Eingangstor aus. Das ist es auch – und zwar für die Murmeln, die mit einem Fingerschubs durch das Tor ins Haus rollen sollen. Wer will, kann sein Murmelhaus bunt bekleben (*Wer kann's?*, S. 10).

Kasperhaus

Material:
Tonpapier
Buntpapier
Schere
Kleber
Kasperlebild, selbst gemalt

Das Tonpapier wie ein Haus zuschneiden und ein Fenster einschneiden, das man aufklappen kann. – Kasperlehäuser haben übrigens krumme Dächer und schiefe Fenster. Das wissen die Kinder!

Das Haus mit Buntpapier bekleben und in die Fensteröffnung von hinten her das selbst gemalte Kasperbild kleben.

Das hier ist mein Kasperhaus!
Schau, da guckt der Kasper raus!
Jetzt mach ich das Fenster zu!
Wer's wieder aufklappt, das bist du!

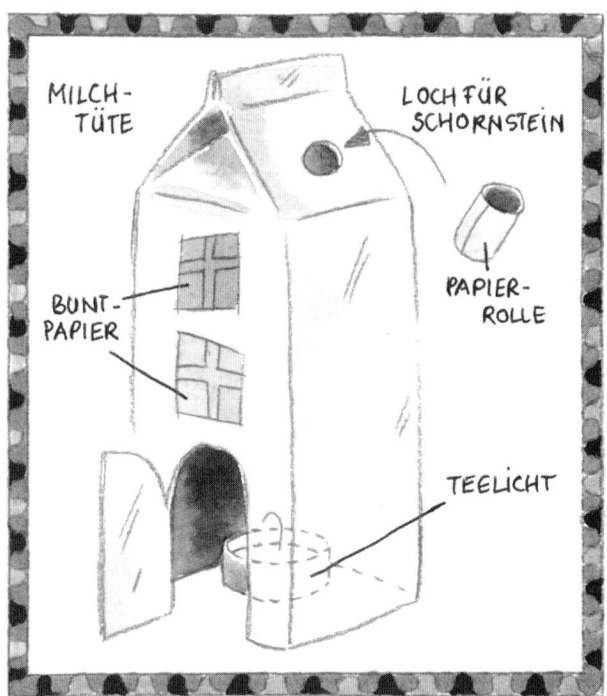

Laternenhäuser

Material:
Getränkekarton, z. B. eckige Milchtüte
spitze Schere
Teelicht
Buntpapier
Klebstoff

Von der Milchtüte den Boden wegschneiden und eine Türe und Fenster einschneiden. Dabei mit der Schere zuerst ein Loch pieksen, so groß, dass man mit der Scherenspitze hinein fahren und ein paar kleine Schnitte nach allen Seiten machen kann. Jetzt erst ist der Einschnitt groß genug, um mit der Schere richtig einschneiden und weiterschneiden zu können. Die Fenster brauchen nicht exakt rechteckig sein, das ist zu schwierig. Es sieht sogar lustiger aus, wenn sie ein bisschen schief sind.

Wenn viele Kinder mitmachen, dann können sie eine lange Häuserreihe basteln, die mit Teelichtern bestückt in der Dämmerstunde zur Herbst- und Winterzeit am Fenster aufgebaut wird und deren Licht in die Nacht hinaus leuchtet.

Wer will, kann sein Haus mit Buntpapierschnipseln bekleben, dabei Fenster und Türen frei lassen.

Spielsachen malen und ausschneiden

Mause-Maske

Material:
Kartonpapier
Filzstifte
Bast
Schere
Klebstoff

- Aus dem Kartonpapier das Maskengesicht ausschneiden, rund wie ein Teller.
- Bis zur Mitte einen Schlitz einschneiden, den flachen Teller etwas zusammenschieben, so dass er einem chinesischen Strohhut ähnelt, und festkleben.
- Auf Papier zwei Mauseohren malen, ausschneiden und aufkleben.
- Augen und Schnauze auf die Maske malen.
- Die Schnurrbarthaare aus Bast in passender Länge abschneiden und ankleben.

Fertig ist die Maske, die das Kind beim Spiel einfach vor sein Gesicht hält.

Und was kann es spielen? Zum Beispiel die selbst ausgedachte Geschichte von der Mausefamilie, die so beginnt:

„Eine Mausefamilie wohnt in einem kleinen Haus. Es ist Sommer, und die Mäuse beschließen, einen Ausflug zu machen...“

Schachtel-Theater

Material:
eine etwas größere Schachtel
Papiere aller Art
Malstifte
Schere
Stäbe
Klebstoff

Bastelzeit

Beim Bau des Schachtel-Theaters können viele Kinder mitmachen. Dennoch sollten Sie für diese Bastelarbeit gleich ein paar Tage einplanen, einfach deshalb, weil die Kinder sich höchstens eine halbe Stunde auf eine Sache konzentrieren können. Dann wird es für sie zu viel, sie sind überfordert, verlieren die Lust an der Arbeit, nichts klappt mehr – das frustriert! Also lieber täglich eine halbe Stunde basteln und Spaß und Eifer der Bastelkinder bleiben erhalten.

Nachfolgend sind die einzelnen Arbeiten beschrieben, für die sich die Bastelkinder entscheiden können. Dabei ist exaktes Arbeiten nicht Sinn der Sache, Linien können krumm oder großzügig ausgeschnitten werden, Stäbe

ein bisschen schief angeklebt sein. Das macht wirklich nichts, das Theater sieht trotzdem schön aus!

● Theaterbühne

Die Schachtel mit der Öffnung nach oben aufstellen. Sind noch Klappen daran, werden sie weggeschnitten.

Eine Seite der Schachtel als Bühne herausschneiden, oben sollte ein Steg stehen bleiben oder nachträglich angeklebt werden. Die Schachtel wird außen bunt und innen einfarbig beklebt.

● Kulissen

Einfach auf Papier malen, ausschneiden und am Rand jeweils an einen Stab kleben. Diesen legen die Kinder beim Spiel quer über den Schachtelrand, so dass die Kulissen in die Bühne, also in die Schachtel hängen.

● Stabfiguren

Die Figuren malen, grob ausschneiden und so an einen Stab kleben, dass die Spieler sie von oben her halten und führen können. Welche Figuren brauchen die Kinder? Das kommt auf die Geschichte an.

Die Spielgeschichte

Wollen die Kinder ein Märchen, eine Bilderbuchgeschichte oder einen Kinderreim aufführen oder ein Kinderlied singen und spielen? Oder haben sie Lust, eine Geschichte selber zu erfinden, z. B. vom kleinen Zwerg Rula, der seine Zipfelmütze verloren hat, sich auf die Suche macht und dabei viele Abenteuer im Wald erlebt...

Figurentheater

Während Sie die Geschichte erzählen, spielen die Kinder gleichzeitig mit den Stabfiguren im kleinen Schachteltheater mit.

Falten und Rollen

Eselsohren

In diesem Kapitel geht es um Eselsohren, also um geknickte Ecken und um andere Falten. Wenn das die Kinder hören, werden sie bestimmt schnell zum Basteltisch rennen und mitmachen wollen. Also, mit Absicht Eselsohren knicken, das wird ein tolles Spiel!

▶ Erst mal ausprobieren

Material:
Papier

Augen zu – das Papier umknicken und darauf patschen oder mit der Faust darauf trommeln, so wird es schön flach gedrückt! Dann Augen auf – und das Papier wieder auseinander falten. Was ist daraus geworden? Eine Falte, ein Knick. Wenn das Blatt eine große Landschaft wäre, dann wäre diese Falte ein Tal, deshalb heißt sie auch Talfalte. Dreht man das Papier um, steht die Falte nach oben, sie wird jetzt Bergfalte genannt. Aber eigentlich ist es die gleiche Falte, eben nur von zwei Seiten betrachtet.

Ein anderes Spiel: Wer kann alle vier Ecken eines Blattes knicken? Das sind die berühmten Eselsohren. Warum die so heißen? Weiß der Kuckuck! Doch vielleicht wissen die Kinder die Antwort oder erfinden eine?

Und wer kann ein Papier in der Mitte falten? Verraten Sie nicht, wie es geht. Das können die Kinder selber herausbekommen.

▶ Weitere Experimente

Was kann man noch alles falten oder knicken? Die Kinder suchen nach allen möglichen und unmöglichen Materialien und wühlen auch in der Bastelkiste. Das ganze Sammelsurium breiten sie auf dem Experimentiertisch aus. Dann geht es los, die Kinder probieren alles aus und machen so ihre eigenen Erfahrungen, wie z. B.:

- Ein dicker Karton lässt sich nur mit viel Kraft falten!
- Dünne Alufolie kann man ganz leicht falten.
- Ein Cellophanpapier springt wieder auf.
- Dünnes Leder bleibt gefaltet.
- Harte Plastikfolie bricht beim Falten.
- Weiche Plastikfolie klappt immer wieder auseinander.
- Dünnes Papier kann man mehrmals zusammenfalten.
- Dicke Pappe lässt sich höchstens zweimal falten.

Und was ist mit Stoff, Orangenschalen, Knete, Holzstäbchen, Zeitungen, Briefumschlägen, Geschenkbändern, Fliegennetzen, Moosgummi, Korkuntersetzern...?

Neugierige Kinder wollen es genau wissen und neugierige Kinder lernen am besten! Also, alles darf erforscht und ausprobiert werden.

Papier falten

Es macht Sinn, den Kindern die Falttechnik einmal genau zu zeigen:
Sie erfahren dabei,

- dass sie das Papier beim Falten am besten auf dem Tisch liegen lassen;
- wie sie bei Mittelfalten die Ecken des Papiers genau übereinander schieben, bevor sie den Falz festdrücken;
- dass die Falte besser hält, wenn sie mit dem Finger oder einem Bleistift noch einmal über den Falz fahren. Papierfaltkünstler haben dafür sogar ein extra Falzmesser.

Also, Sie machen es vor und die Bastelkinder machen alles genau nach. Sind die ersten Falten gut gelungen, können die Kinder gleich die folgenden Spielsachen basteln. Sie sind so einfach, dass sie auch den Anfängern gelingen.

Falt-Männchen

Material:
Papier
Buntstifte

Die Kinder falten einen Papierstreifen zur Hälfte und malen auf die Vorderseite ein Männchen. Wer will, kann auf die Rückseite des Streifens das Männchen von hinten malen.
Und sogleich beginnt das Pustespiel:

Pustespiel

Die Falt-Männchen eilen mit Pustegeschwindigkeit über den Tisch. Wie das am besten geht, probieren die Mitspieler erst mal aus. Dann kann das Wettrennen beginnen.

Haus

Material:
Papierbogen
Farbstifte

Das Papier der Länge nach falten, wieder öffnen und die oberen zwei Ecken wie Eselsohren bis zur Mittellinie knicken. Fertig ist das Haus mit seinem spitzen Dach.
Nun können die kleinen ArchitektInnen Fenster und Türen malen, auch Fensterläden und Vorhänge dazu.
Und was ist unter dem Klapp-Dach versteckt? Vielleicht eine Mausefamilie oder das kleine Gespenst oder etwas, was nur die beste Freundin sehen darf?

PAPIERBOGENHAUS

FALT-MÄNNCHEN

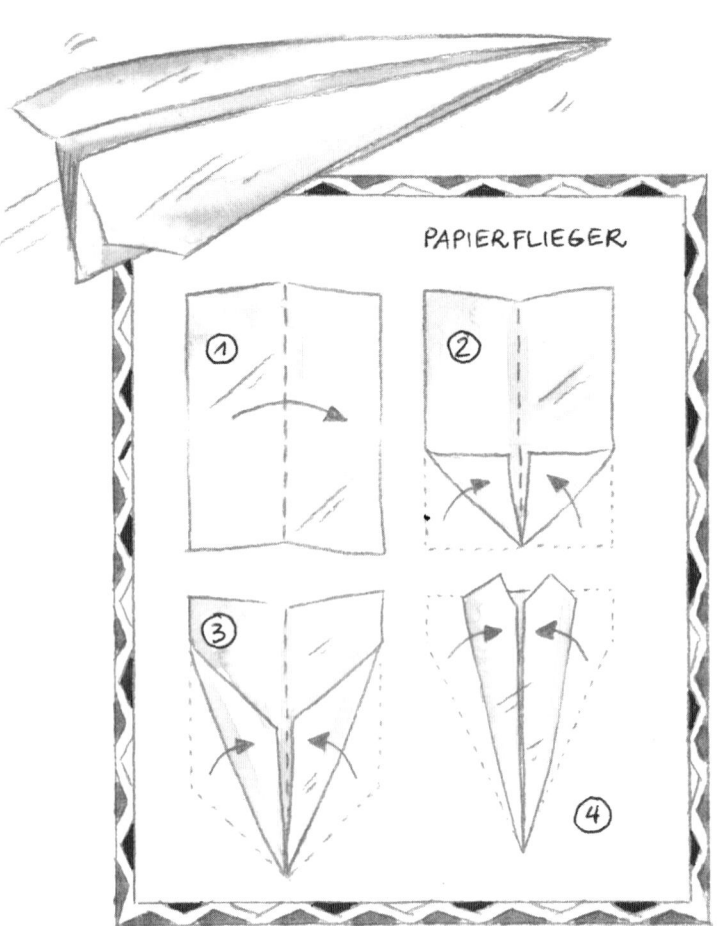

Papiergeschichten

Damit sich die Kinder den Faltvorgang besser merken können, erzählen Sie dazu phantasievolle Geschichten. Die Beispiele hier zeigen, wie es geht. Es sind übrigens alte Falt-Klassiker, die schon unsere Ur-Ur-Großmütter gekannt haben.

Hut

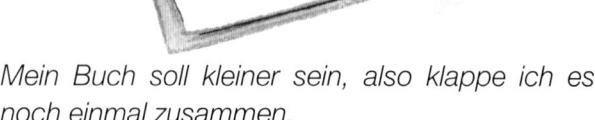

Material:
Zeitungspapier

Zuerst klappe ich das Papier wie ein Buch zusammen.

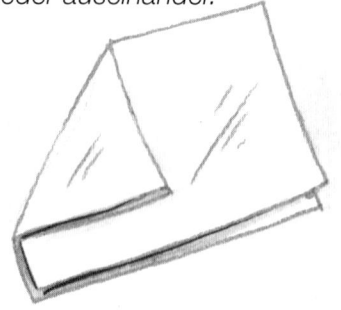

Mein Buch soll kleiner sein, also klappe ich es noch einmal zusammen.
War da nicht etwas dazwischen? Ich sehe nach und falte es wieder auseinander.

Papierflieger

Dieser Flieger fliegt garantiert immer, egal wie genau die Falten gefalzt wurden. Wer will, kann mit größeren Formaten, zum Beispiel mit Kalenderblättern, große Papierflieger falten.

Material:
Schreibpapier

Das Papier der Länge nach falten, wieder aufklappen und umdrehen.
Die oberen Ecken wie Eselsohren zur Mitte falten, dann nochmals die beiden schrägen Seiten zur Mitte falten und noch ein drittes Mal. Den Papierflieger umdrehen, die beiden Flügel hochklappen – und ab geht's durch die Luft!

Jetzt möchte ich doch lieber ein Zelt haben.

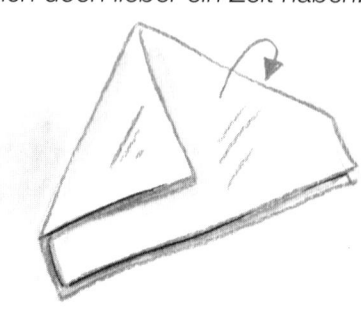

Und damit niemand hereinkommt, klappe ich vorne und hinten den Gartenzaun hoch.

Dann schließe ich links und rechts die Gartentüren.

Und dann zaubere ich meinen Hut daraus.

Wer will, kann den Hut jetzt anmalen und mit bunten Bändern schmücken.

Schiff

Egal wie groß oder klein das Schiff wird, es kann immer auf dem Wasser schwimmen.

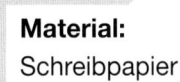

Material:
Schreibpapier

Zuerst den Hut falten (s. o.), dann geht es so weiter:

Klappt den Hut zu einem Großmaul auf- und wieder zusammen.

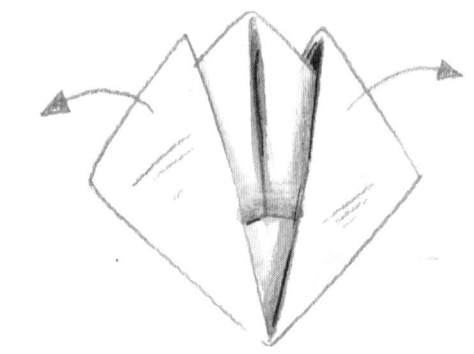

Wenn ihr jetzt die Spitzen nach oben faltet und in der Mitte oben und unten anfasst, könnt ihr das Breitmaul weit nach oben und unten auseinander ziehen, bis es zu einem Spitzmaul zusammenklappt.

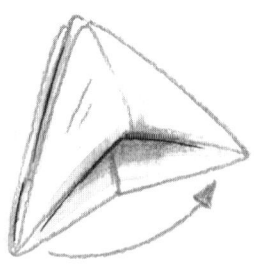

Fasst mit beiden Händen die gegenüberliegende Spitze rechts und links an und zieht die Seiten auseinander.

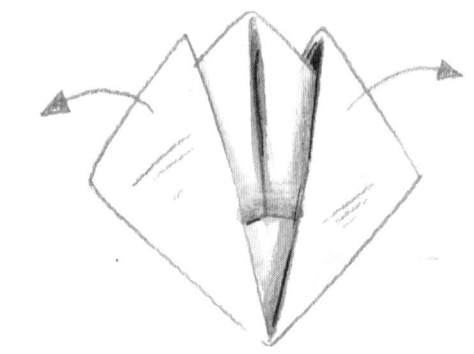

Und fertig ist das Schiff!

Zickzack falten

Es kommt nicht darauf an, wie groß oder lang das Papier ist, sondern darauf, dass es schön bunt ist. Da macht den Kindern das Falten viel mehr Spaß! Also, Sie machen wieder alles vor und die Kinder alles nach, Schritt für Schritt:

Am unteren Rand einen schmalen Streifen falten. Dann das Papier umdrehen und wieder einen schmalen Streifen von unten her falten, dann wieder umdrehen und wieder falten, wieder umdrehen und wieder falten. Jetzt haben es die Kinder bestimmt kapiert und können alleine weiterfalten, bis nichts mehr zum Falten übrig ist.

Was aber dann zum Vorschein kommt, sieht wie eine Ziehharmonika aus. Daraus kann man lustige Sachen basteln. Doch zuvor ein kleiner Trick, der die Kinder in Staunen versetzt:

Papierbrücke

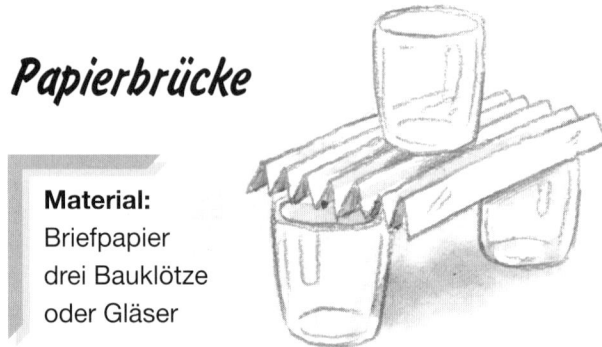

Material:
Briefpapier
drei Bauklötze
oder Gläser

Zwei Bauklötze sind die Brückenpfeiler, darauf liegt ein Blatt Papier als Brücke. Hält die Brücke, wenn der dritte Bauklotz darauf gestellt wird? Nein, geht nicht, das Papier hält nicht!

Jetzt kommt der Trick: Wird das Papier der Länge nach im Zickzack gefaltet, dann hält die Brücke. Zauberei? Nein! Nur gewusst wie!

Fächer falten

Material:
schönes Papier

Wer einen schönen Fächer falten will, der braucht auch schönes Papier dazu. Das können die Kinder selber färben (*Wer kann's?*, S. 44). Gefaltet wird im Zickzack, siehe Beschreibung oben.

Den gefalteten Streifen an einem Ende festhalten und am anderen auseinander ziehen. Da kommt auch schon der Fächer zum Vorschein.

Luft zufächeln

Ja, so machen es die feinen Damen oder Prinzessinnen. Wie schön beim Fächeln die Luft das Gesicht streichelt! Dazu diese Spiele:

Spiele zu Zweit:
Ein Kind sitzt gemütlich auf einem Stuhl, sein Mitspieler steht vor ihm und erfüllt die Wünsche: „Vor der Stirn fächeln!", „Am Knie!" „Auf die Hand!"

Wie schön entspannend das ist! Wenn einer der beiden genug hat, klatscht er in die Hände und die Rollen werden getauscht.

Und nun als Ratespiel: Ein Kind sitzt auf einem Stuhl und hat die Augen geschlossen. Das andere Kind steht vor ihm und fächelt ihm Luft zu. Wohin? Kann man das am feinen Luftzug spüren? Genau dies gilt es zu erraten. Nach drei Rate-Runden tauschen die Kinder die Rollen.

Goldvogel

Material:
Goldpapier
Stift
Feder
Schere
Klebstoff
Goldfaden

- Auf das Goldpapier einen Vogel von der Seite – ohne Flügel – malen, ausschneiden und mitten in den Körper einen Schlitz für die Flügel einschneiden.
- Ein rechteckiges Stück aus der Goldfolie abschneiden und im Zickzack zu einem Streifen zusammenfalten, das ist der Flügel.
- Den Streifen bis zur Mitte durch den Schlitz schieben und dann auf beiden Seiten auseinander ziehen.
- Zum Schluss die Schwanzfeder aufkleben und den Vogel an der Goldschnur aufhängen.

Schmetterling-Girlande

Material:
rechteckige Buntpapiere
Faden
Schere
Schnur

Die Buntpapiere werden im Zickzack gefaltet, in der Mitte mit dem Faden fest umwickelt und verknotet, mit den überstehenden Fadenenden an die gespannte Schnur geknüpft und wie ein Schmetterling auseinander gefaltet. Diese Girlande ist ein besonders schöner Schmuck für Sommerfeste, Spielnachmittage, Geburtstags- und Muttertagseinladungen.

FEDER
SCHLITZ
GOLDVOGEL

Hexentreppchen

▶ *Erst mal ausprobieren*

Wieso eigentlich Hexentreppe? Vielleicht ist sie verhext? Auf jeden Fall aber ist sie ein verdrehtes Durcheinander. Solche Treppen können wirklich nur Hexen hochsteigen! Oder wissen die Kinder eine bessere Antwort?

Material:
lange Papierstreifen gleicher Breite
Klebstoff
Schere

Zwei lange Streifen gleicher Breite an einem Ende quer übereinander legen und festkleben. Abwechselnd einen Streifen über den anderen falten, dabei wird das Treppengebilde immer höher.

Wenn ein Streifen zu Ende ist, einfach einen neuen ankleben und weitermachen. Wie lange? So lange man will!

Am Ende die beiden Streifenenden festkleben und überstehende Teile wegschneiden.

Zappelwurm

Material:
gefaltete Hexentreppe
Faden
Schere
Stab

Eine kleine Hexentreppe falten. Sie sieht schon jetzt wie ein zappeliger Wurm aus. Die Kinder knüpfen die beiden Enden jeweils an einen Faden und die beiden Fäden an den Stab.
Jetzt kann der Zappelwurm als Marionette tanzen.

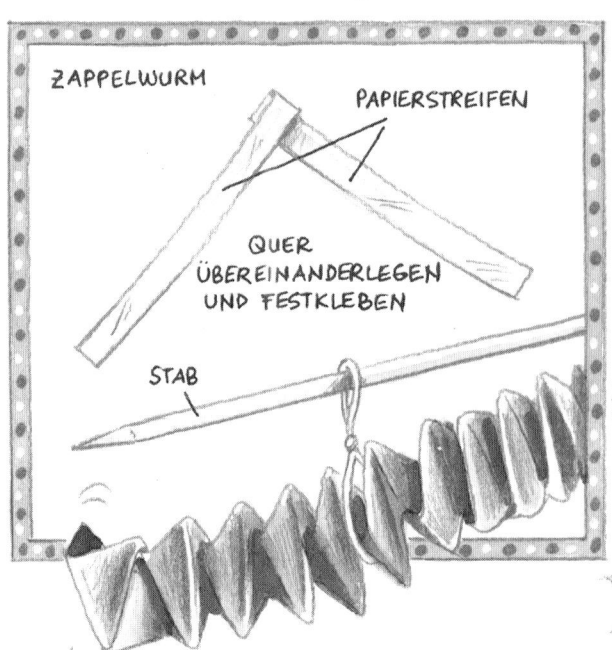

ZAPPELWURM
PAPIERSTREIFEN
QUER ÜBEREINANDERLEGEN UND FESTKLEBEN
STAB

Längs- und querfalten

Mit dieser Falttechnik können die Kinder viele Spielsachen basteln. Doch zuerst sollte geklärt werden, was längs und was quer ist! Zu kompliziert für Kinder? Nein, man kann es ihnen ja zeigen und in einem Spiel das Gelernte vertiefen (siehe unten). Aber eigentlich brauchen es auch nicht alle Kinder zu verstehen. Hauptsache, sie können die Bastelei mitmachen.

▶ Erst mal ausprobieren

Material:
rechteckige Papiere

Solche Ratespiele machen das Üben spaßig: Ein Kind stellt eine Aufgabe: Es fordert die anderen Kinder auf entweder eine Längs- oder eine Querfalte vorzuzeigen. Und so schnell es geht machen sich die Mitspieler an die Falt-Arbeit. Anschließend überprüfen und besprechen die Kinder, ob alle die Aufgabe richtig gelöst haben. Und so ganz nebenbei wird auch das Falten geübt.

Fliegendes Papier

Material:
Schreibpapier oder Buntpapier

Das Papier sollte so leicht wie möglich sein, deshalb nicht mit dicker Farbe anmalen.
Zuerst kommen die Längsfalten: Das Papier der Länge nach falten, auseinander klappen und von jeder Seite bis zur Mitte eine weitere Längsfalte knicken, alles wieder auseinander falten.
Jetzt kommen die Querfalten: Zuerst eine Mittelfalte knicken, das Papier öffnen und glatt streichen, dann von einem Rand her einen kleinen Streifen falten. Bei der Größe eines Briefpapiers kann dieser Streifen etwa 2 cm breit sein. Diesen Streifen mehrmals aufrollen und den Falz jeweils flachdrücken, bis der Mittelfalz erreicht ist. Zum Schluss die Seiten des Papiers etwas nach oben biegen, so fliegt es besser.
Jetzt das Papier mit der aufgerollten bzw. gefalteten Seite nach vorne auf die flache Hand legen und mit einem sanften Schubs vorwärts werfen.
Das Papier segelt wie ein fliegender Teppich los und gleitet langsam auf die Erde.

FLIEGENDES PAPIER

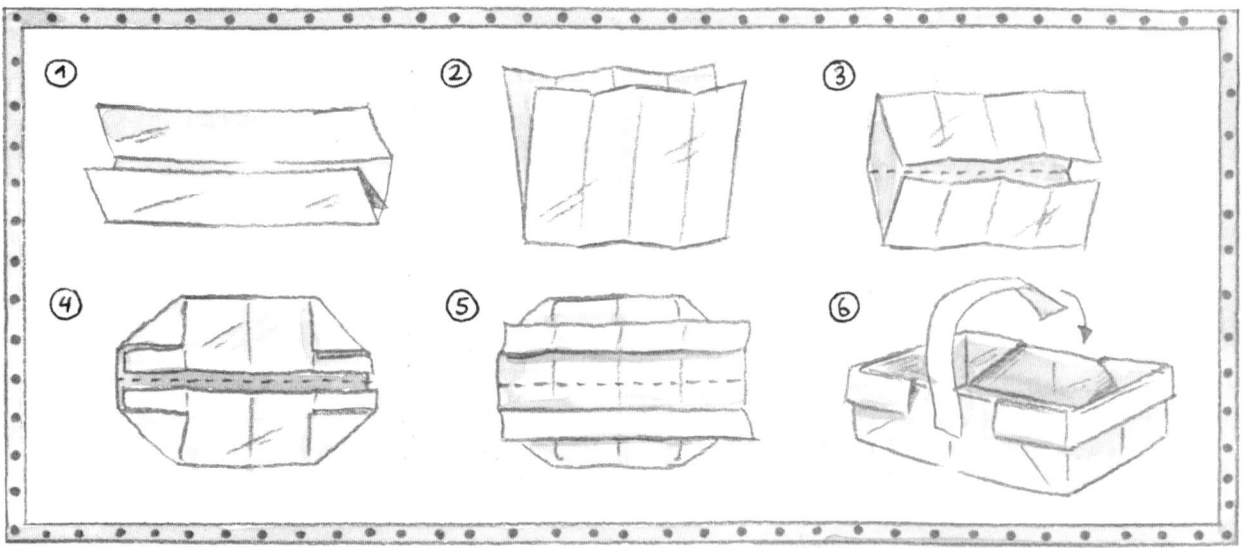

Schachtel selbst gemacht

Material:
rechteckiges Papier

Am besten nehmen die Kinder zum Ausprobieren Schreibpapier: Das Format ist groß genug, die Papierstärke dick genug. Später können sie sich passende Papiere für die Schachtel zuschneiden, auch in kleineren oder größeren Formaten.

- Längsfalten: Das Papier zur Hälfte falten und öffnen sowie von beiden Seiten bis zur Mittellinie falten und öffnen.
- Querfalten: Das Papier zur Hälfte falten, öffnen, von beiden Seiten bis zur Mitte falten, liegen lassen.
- Eselsohren (siehe Seite 74): Alle vier Ecken bis zur nächstliegenden Faltlinie umknicken.
- Streifen umknicken: Die innen liegenden Ränder bis zu den Eselsohren umknicken und falten.
- Letzter Handgriff: An den umgeknickten Streifen nach oben ziehen, da stellen sich auch schon die Wände der Schachtel auf! Fertig!

Spielsachen

Das alles können die Kinder aus den gefalteten Schachteln basteln:

- Mit einem angeklebten Papierstreifen als Henkel wird daraus ein Körbchen für den Kaufladen.
- Umgedreht und mit einem Gummiband versehen ist es ein Papierhut.
- Mit Schnüren an allen vier Ecken wird es eine Schaukel für den kleinen Teddy.

Falten, schneiden, kleben

Papierhaus

Material:
quadratisches Papier
Schere
Klebstoff
Wasserfarben

Falten: Das Papier in der Mitte falten, öffnen, jeweils von der Seite her bis zum Mittelfalz falten, wieder öffnen. Das Papier drehen, wieder in der Mitte falten, öffnen, wieder von beiden Seite her bis zur Mitte falten, öffnen.

Schneiden: Auf zwei gegenüberliegenden Seiten Einschnitte entlang der Faltlinie machen (*Wer kann's?*, S. 64), und zwar bis zur nächsten Faltlinie.

Kleben: Die Dachgiebel übereinander schieben und festkleben, dann die Seitenwände des Hauses übereinander schieben und festkleben.

Ausschneiden: Wer will, kann Fenster und Türen zum Aufklappen ausschneiden (*Wer kann's?*, S. 70).

Zum Schluss das Haus bunt anmalen.

Spielstadt

Wenn viele Kinder mitmachen und alle mehrere Häuser falten – ja, was dann? Wohin damit?

- Im Sandkasten aufgestellt wird daraus eine große Stadt, mit Tannenzapfenbäumen und Kieselsteinstraßen.
- Auf dem Fußboden aufgestellt wird daraus eine bunte Spielzeugstadt mit Autos und Tieren und Männlein aus der Spielzeugkiste.
- Und zur Adventszeit wird aus 24 Goldpapier Häuschen eine Adventskalender-Stadt.
  Natürlich ist unter jedem Haus ein kleines Geschenk versteckt!

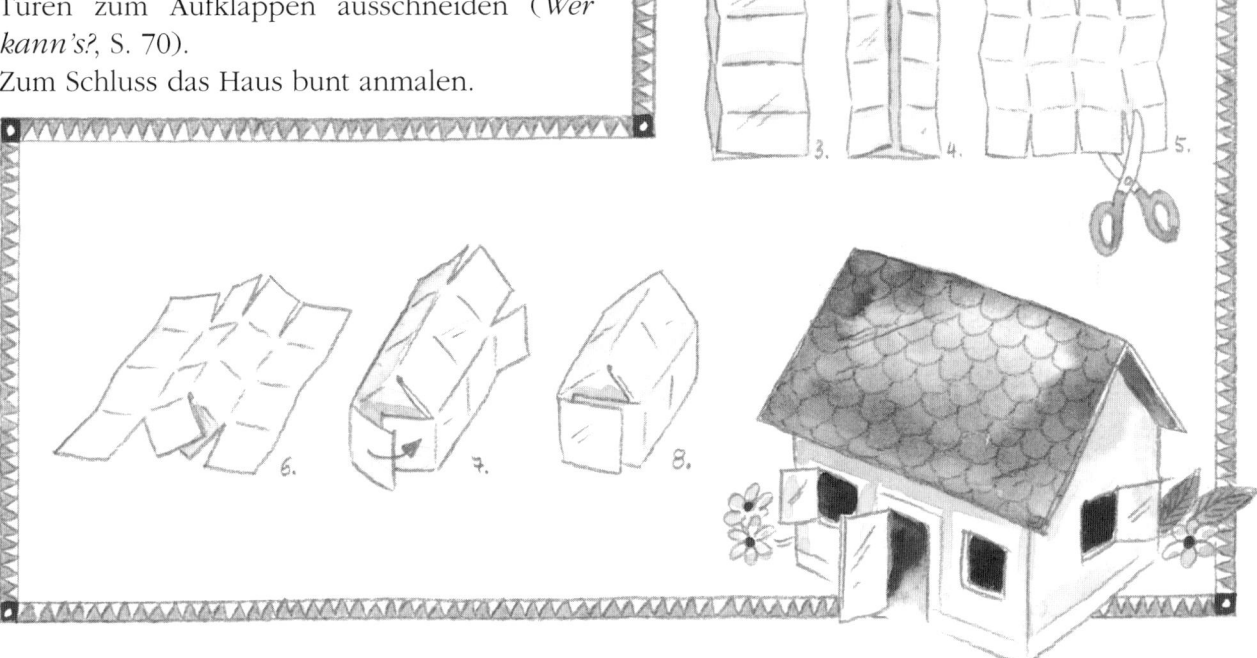

Umknicken.........

▶ Erst mal ausprobieren

Material:
Papiere
Schere

Schnipp, schnapp, flinke Finger schneiden kleine Schnitte in das Papier ein, und dann knicken die Kinder viele kleine Eselsohren, biegen also Ecken um, wo immer es geht.

Zauberblume

Material:
Schreibpapier
Buntstifte
Schere
mit Wasser gefüllte Schüssel

Auf das Papier eine Blume mit dicken Blütenblättern malen und ausschneiden.
Alle Blütenblätter nach innen knicken und die Blume auf das Wasser legen. Nach kurzer Zeit öffnet die Blume ihre Blütenblätter, langsam, sehr langsam, wie von Zauberhand geführt.

ZAUBERBLUME

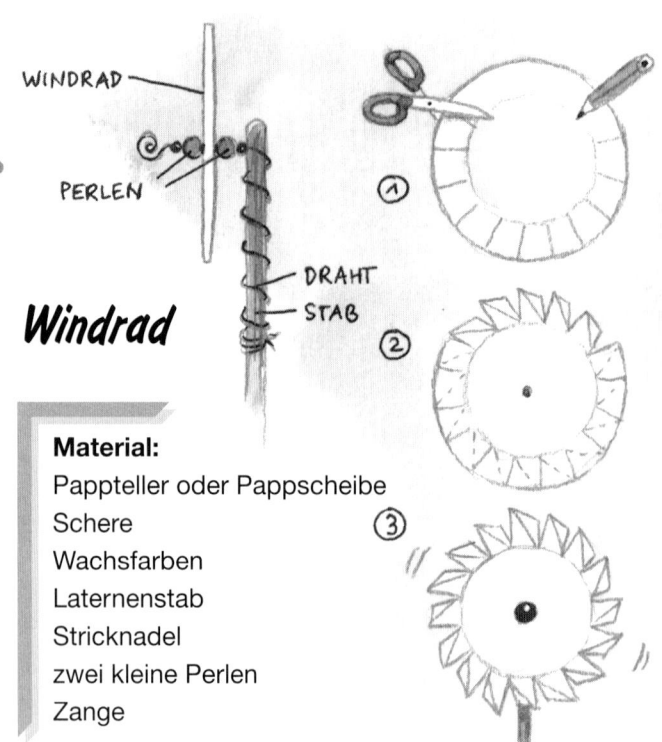

WINDRAD
PERLEN
DRAHT
STAB
① ② ③

Windrad

Material:
Pappteller oder Pappscheibe
Schere
Wachsfarben
Laternenstab
Stricknadel
zwei kleine Perlen
Zange

● In den Pappteller einen Kreis zeichnen und viele Schnitte bis zu diesem Innenkreis einschneiden.
● Bei jedem Einschnitt jeweils nur eine Seite umknicken, so dass zum Schluss alle Windradflügel in die gleiche Richtung zeigen.
● Mit der Stricknadel in die Mitte des Windrades ein dickes Loch pieksen.
● Die Drahtschlaufe am Laternenstab mit der Zange gerade biegen – das ist Ihre Arbeit, danach machen die Kinder weiter.
● Über diesen Draht zuerst eine Perle, dann das Windrad, dann wieder eine Perle schieben.
● Den Draht so umknicken, dass sich das Windrad locker zwischen den beiden Perlen drehen kann – das machen wieder Sie.

Windblumen im Garten

Alle Windrädchen werden als Blumen angemalt und draußen im Garten mit den Stäben in den Boden gesteckt.
Was für eine zauberhafte Blumenwiese, bei der der Wind die Blumen kreisen und drehen lässt.

Über Eck falten ......

Jetzt werden Dreiecke und Diagonallinien gefaltet und immer geht es über Eck.

Windmühle

Material:
quadratisches Papier
Schere
eine Perle
Stab
Stecknadel

Am besten eignet sich ein etwas stärkeres Papier, damit der Wind – oder das Kind – heftig blasen und das Rad sich schnell im Kreise drehen kann.

- Das Papier über Eck falten, also zwei gegenüberliegende Spitzen übereinander schieben und falten, wieder öffnen und mit den anderen beiden Ecken gleich verfahren.
- Diese Faltlinien bis zur Hälfte einschneiden
- Jeweils die gleiche Ecke neben diesen Schnitten zur Mitte umbiegen und mit der Stecknadel aufpieksen. Dabei auch gleich durch den Mittelpunkt des Windrads stechen.
- Die Perle aufziehen und die Stecknadel in den Stab stecken.

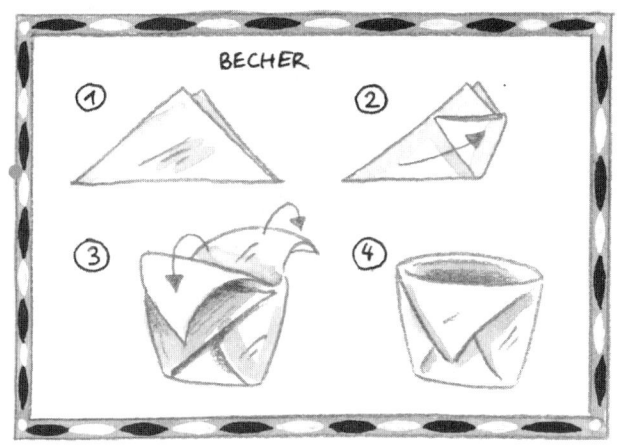

Becher

Diesen Becher können die Kinder mit Flüssigkeit füllen und wirklich daraus trinken!

Material:
quadratisches Papier

Das Papier einmal übers Eck falten. Die beiden unteren Ecken jeweils bis etwa zum Mittelpunkt der gegenüberliegenden Kante führen und falten, dann die oberen Zipfel jeweils nach unten klappen und falten. Fertig.

Fangbecher

Soll es ein Fangbecher werden, ein Loch in den Rand des Bechers bohren und eine Schnur durchziehen und verknoten. An das lose Ende der Schnur eine Perle knüpfen. Mit Schwung wird nun die Perle in die Höhe geworfen und mit dem Becher aufgefangen.

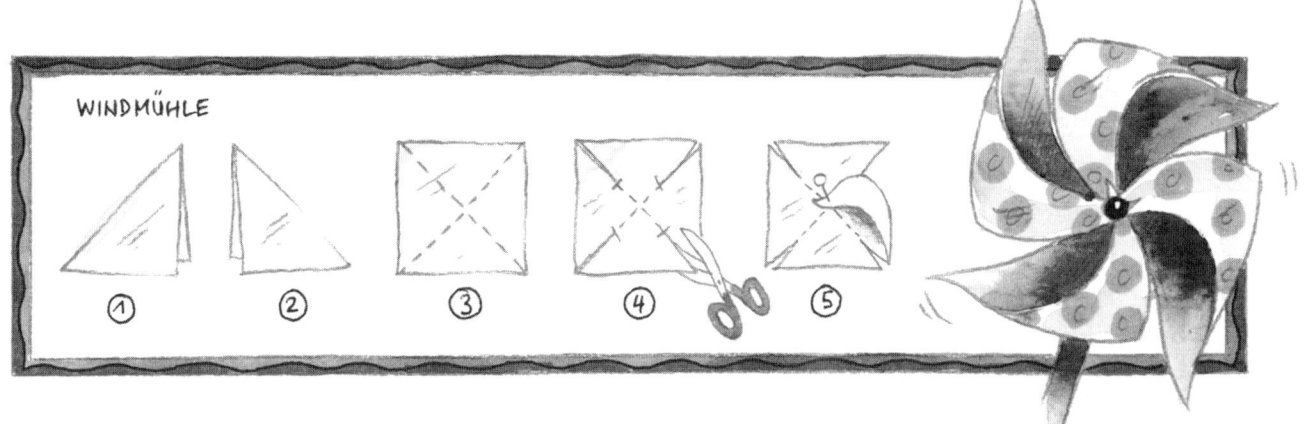

Aufrollen

Papierperlen

Das Aufrollen brauchen die Kinder nicht extra auszuprobieren; sie können einfach mit dieser Bastelarbeit loslegen, denn da haben sie ausreichend Gelegenheit zum Üben. Und mit jeder neuen Perle werden die Kinder geschickter und flinker.

Material:
Buntpapier
Schere
Zahnstocher
Klebstoff

Aus dem Buntpapier zuerst viele Dreiecke herausschneiden, große und kleine, schmale und breite Zacken, jeder wie er kann.

Diese dreieckigen Papierstückchen über einen Zahnstocher aufrollen, dabei von der breiten Seite her beginnen, und das spitze Ende festkleben. Wenn die Kinder einmal den Dreh heraus haben, geht das Perlendrehen ganz schnell und weckt die Lust, gleich viele Perlen zu basteln und zur langen Kette aufzufädeln (*Wer kann's?*, S. 121).

Stoffpuppe

Wie stolz sind die Puppenmütter und Puppenväter, wenn sie ihre selbst gebastelte kleine Schmusepuppe in den Armen wiegen können!

Material:
Stoffreste
Schere
Faden
dicke Filzstifte

Alle Kinder sitzen mit Ihnen am Basteltisch, Sie erklären jeden Arbeitsschritt einzeln, machen es langsam und genau vor. Die Kinder schauen zu und machen alles Schritt für Schritt nach:

- Aus dem Stoff ein großes und ein halb so großes Rechteck zuschneiden und jeweils dicht und straff aufrollen.
- Aus der kleinen Rolle entstehen die Arme, die größere Rolle wird so darüber gelegt, dass oben der Knick als Kopf liegt und nach unten die Beine hängen.
- Den Kopf mit dem Faden abbinden (*Wer kann's?*, S. 109) und dann über Kreuz den Brustkorb so festbinden, dass auch die Arme gehalten werden und links und rechts abstehen.
- Zum Schluss die Hände und Füße abbinden. Wer will, kann seiner Stoffpuppe mit den Filzstiften ein Gesicht aufmalen und einen Poncho nähen (*Wer kann's?*, S. 127).

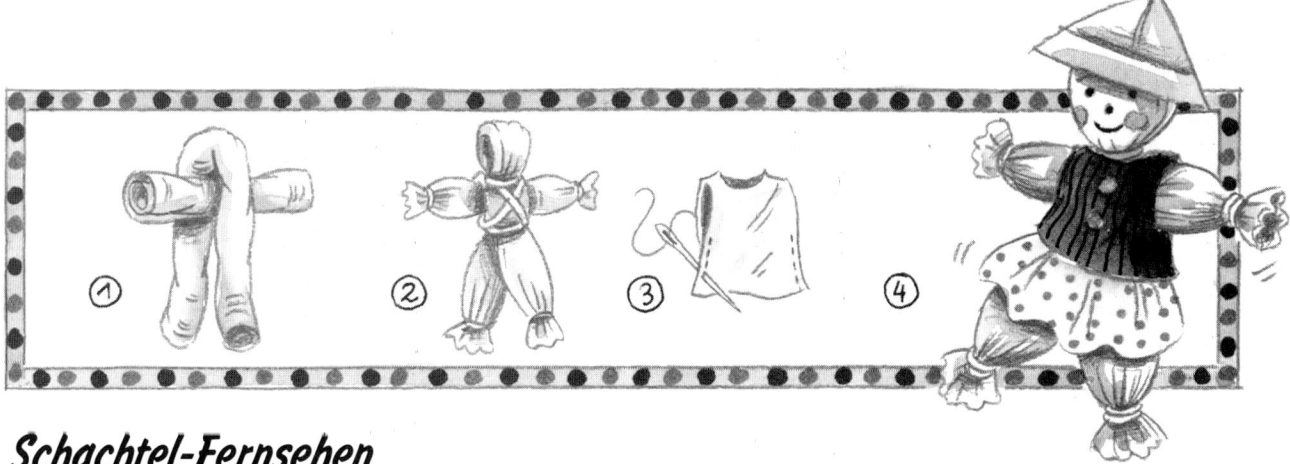

Schachtel-Fernsehen

Das wird eine größere Arbeit und es dauert seine Zeit, bis der Film gedreht, also gemalt und beklebt ist. Doch auch echte Dreharbeiten brauchen eine lange Zeit. Na also!

Material:
Schuhschachtel
Buntpapier
Klebstoff
Packpapier oder Tapetenrolle
Schere
Wasserfarben
Pinsel
ausgeschnittene kleine Bilder
zwei Stäbe

- Die Schachtel bunt bekleben und an einer Schmalseite ein großes Guckloch einschneiden (*Wer kann's?*, S. 70).
- An den beiden Längsseiten weiter hinten jeweils einen breiten Schlitz von oben her einschneiden, durch diese Schlitze wird später der Papierfilm gezogen.
- Für den Filmstreifen einen langen Papierstreifen zuschneiden, eventuell mehrere Streifen aneinander kleben.
- Die Kinder malen auf die Vorder- und Rückseite des Streifens mit Wasserfarben ein großes, langes Landschaftsbild, das ganze Papier entlang, mit Hügeln und Tälern, Wäldern und Wiesen.

- Auf diese Landschaft kleine ausgeschnittene Bilder (*Wer kann's?*, S. 69) aufkleben, am besten Motive, die zur Landschaft passen, z. B. Tiere, Menschen, Häuser. Achtung, bei den Autos, Flugzeugen und anderen Fahrzeugen die Fahrtrichtung beachten!
- An beide Enden der Papierrolle jeweils einen Stab kleben, den Papierstreifen auf einer Seite aufrollen und so zwischen die Schlitze der Schachtel schieben, dass die Stäbe außerhalb der Schachtel stecken.

Und nun „Film ab!" – Nein, natürlich nicht wirklich, sondern ein Kind rollt das Papier an dem einen Stab auf und an dem anderen Stab ab. Wer durch das Guckloch schaut, hat das Gefühl, einen echten kleinen Film zu sehen, mit bewegten Bildern. Ist der Film aus, die Papierrollen umstecken und die Rückseite des Papierfilms ab- bzw. aufrollen.

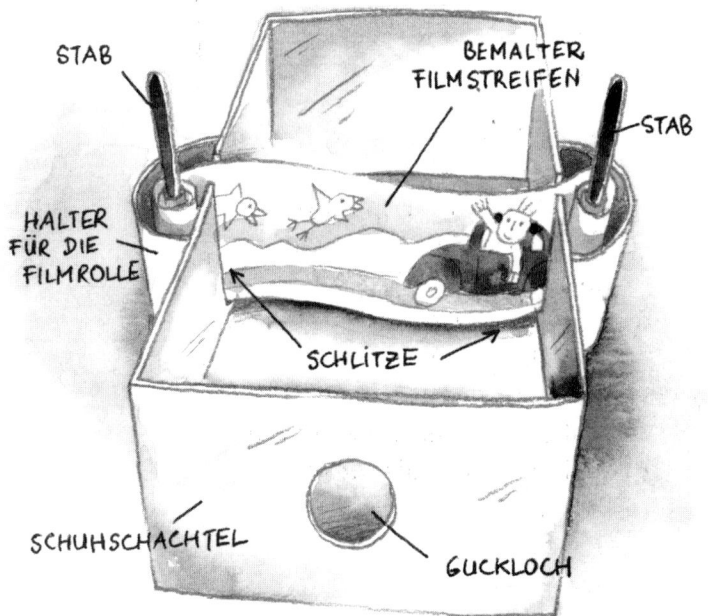

STAB
BEMALTER FILMSTREIFEN
STAB
HALTER FÜR DIE FILMROLLE
SCHLITZE
SCHUHSCHACHTEL
GUCKLOCH

Kneten und Formen

So ein großer, weicher Knete-Batzen übt auf Kinder einen besonderen Reiz aus. Da packen sie zu, drücken und knautschen, patschen mit den Händen darauf, bohren mit den Fingern hinein. Was für ein sinnliches Vergnügen!

Die Knete hatte vor einiger Zeit ihren guten Ruf verloren, weil die Farbmischungen giftig waren. Heute gibt es zum Glück ungiftige Knete zu kaufen. Doch wenn Sie wirklich wissen wollen, was drin ist, dann machen Sie die Knete selber. Natürlich helfen die Kinder mit!

Knete selbst gemacht

Material:
4 Tassen Mehl
3 Tassen Wasser
1 Tasse Salz
2 Esslöffel Speiseöl
100 g Alaunpulver (Apotheke)
oder 1/2 Päckchen Weinsteinsäure
1 Esslöffel Farbpulver (Lebensmittelfarbe)
Schüssel
Rührlöffel

Mehl, Salz und Alaunpulver oder Weinsteinsäure mischen. Wasser erwärmen, Öl und Farbpulver dazuschütten und die Flüssigkeit portionsweise in die Mehlmischung einrühren. Dann kneten, bis der Teig schön glatt ist. Ist die Knete trocken und bröselig, mehr Wasser dazugeben. Ist sie feucht und matschig, mehr Mehl unterkneten.

Luftdicht verschlossen und kühl aufbewahrt, hält die Knete als Naturprodukt einige Wochen.

▶ Erst mal ausprobieren

Jedes Kind hat einen Klumpen Knete vor sich – was kann es damit machen? Wem etwas einfällt, der zeigt es den anderen und alle machen es nach, z. B. dies:
- mit der Faust drauf klopfen;
- mit dem Finger darauf drücken;
- auseinander ziehen;
- zusammenquetschen;
- platt drücken;
- Handabdrücke machen.

▶ Weitere Experimente

Das Spiel geht so: Sie sagen, was die Knete alles kann, und die Kinder müssen herausbekommen, ob das stimmt, was Sie da behaupten, z. B.:

Die Knete kann auf Wasser schwimmen! – Stimmt, aber nur, wenn man ein Boot damit formt, dann kann sogar ein Püppchen mitfahren.

Die Knete kann rollen! – Stimmt, wenn man mit den Händen eine Kugel formt und diese über den Tisch rollen lässt!

Die Knete kann sich in ein Häschen verwandeln! – Stimmt, wenn man daraus ein Häschen formt mit schönen langen Ohren.

Man kann durch die Knete hindurchschauen! – Stimmt, man muss nur ein Loch mit dem Finger hineinbohren!

Die Knete kann ein Fingerhut werden! – Stimmt, wenn man ein Stückchen auf den Finger drückt und einen Hut daraus formt!

Salzteig & Co.

Alle diese Teige und Knetmassen können die Kinder selber machen, also abmessen, abwiegen, verrühren, durchkneten und, wenn nötig, in den Backofen schieben.

Salzteig

Salzteig ist eine interessante Alternative zu Knete. Salzteig ist schön weich und riecht nach Kuchenteig. Sollte also ein Kind mal vor Aufregung hineinbeißen, kein Problem!

Salzteigfiguren werden nach dem Backen und Austrocknen sehr hart, halten jahrelang, können mit Wasserfarben angemalt und zusätzlich mit Klarlack überzogen werden. Deshalb sind sie ideal für Spielsachen, Perlen oder kleine Figuren.

Salzteig selbst gemacht

Material:
2 Tassen Mehl
1 Tasse Wasser
1 Tasse Salz
ein paar Tropfen Speiseöl
Schüssel
Rührlöffel

Mehl und Salz miteinander vermengen, dann Öl und portionsweise Wasser dazugeben, weiterrühren und zum Schluss kneten. Ist der Teig zu feucht und matschig, Mehl unterrühren. Ist er zu bröselig und trocken, Wasser dazu geben. Luftdicht im Kühlschrank aufbewahrt hält er ein paar Wochen. Geformt und gebacken hält er, wie gesagt, ewig. Gebacken werden die Salzteigfiguren bei 100°C etwa eine Stunde, bis sie goldbraun und hart sind.

Zuckerteig

Das ist sicher das beste Rezept für kleine Naschkatzen! Sie können den Teig kneten und rollen und formen, als wäre es Knete. Und nach dem Backen haben sie die Wahl: Aufessen oder mit Wasserfarben anmalen? Weil Zuckerteig wie Kuchenteig riecht, werden die Kinder kleine Spielsachen für Puppenküche und Kaufladen formen wollen, z. B. Brote, Pfannkuchen, Kringel und Zuckerstangen.

Zuckerteig selbst gemacht

Material:
3 Tassen Mehl
2 Tassen Zucker
1 Tasse Wasser
Schüssel
Rührlöffel

Mehl und Zucker vermischen, portionsweise das Wasser unterrühren und gut durchkneten. Jetzt können die Kinder Figuren formen; diese werden dann im Backofen bei 150°C eine Stunde gebacken, bis sie goldbraun und fest sind.

Farbige Zuckerteig-Knete
Wer will, kann unter den Teig Lebensmittelfarbe rühren. Oder besser noch: Gleich mehrere Teige mit verschiedenen Farben herstellen.

Sand-Knete

Sandknete lässt sich wie Knete gut formen, nur spürt man darin die rauen kleinen Sandkörner und die Oberfläche wird nicht so glatt. Aber das ist gerade das Besondere und sieht interessant aus. Sand-Knete können die Kinder auch mit Farbpulver einfärben.

Am besten formen die Kinder daraus Tiere, z. B. kleine Dinosaurier oder eine ganze Menge Zootiere (siehe Seite 100). Die Dinosaurier bekommen dann im Sandkasten ihren Urwald aufgebaut und die Zootiere in der Bauecke ihre Zoo-Anlage.

Die Figuren können Sie zusätzlich mit Klarlack überziehen, damit sie robuster sind.

Sand-Knete selbst gemacht

Material:
1 Tasse Mehl
2 Tassen feiner Vogelsand
1 Tasse Wasser
Farbpulver
Topf
Rührlöffel

Alle Zutaten in den Topf schütten und auf dem Herd bei mittlerer Hitze erwärmen, dabei so lange rühren, bis ein dicker Brei entstanden ist. Abkühlen lassen und dann erst weiterkneten.

Sandknete-Figuren müssen etwa drei Tage trocknen. Wer nicht so lange warten kann, nimmt anstatt Mehl 1/4 Tasse Kleisterpulver und etwas Holzleim. Diese Mischung trocknet schneller.

Sägemehl-Knete

Die Knete mit Sägemehl ist am stabilsten. Die Kinder können die geformten Stücke nach dem Trocknen sogar mit Schmirgelpapier glätten oder mit einer Holzraspel weiter bearbeiten. Am besten ist es, wenn das Farbpulver gleich mit in die Teigmischung eingerührt wird. Doch die Kinder können alles auch nach dem Trocknen mit Wasserfarben übermalen und zusätzlich mit Klarlack überziehen. Sägemehl-Knete ist geeignet für Bastelsachen wie z. B. Wurfbälle, Puppengeschirr oder dicke Perlen.

Sägemehl-Knete selbst gemacht

Material:
3 Tassen Sägemehl
1 Tasse angerührter Tapetenkleister
1 Esslöffel Holzleim
Farbpulver
Schüssel
Rührlöffel

Das Sägemehl kann fein oder grob sein, entsprechend fühlt sich dann die Knetmasse an.

Sägemehl und Tapetenkleister zu einem Brei verrühren, Farbe und Holzleim unterrühren und alles gut durchkneten. Ist die Masse zu hart, mehr Wasser und Kleister dazugeben. Ist sie klebrig, mehr Sägemehl unterkneten.

Die fertigen Sägemehlfiguren sollten mindestens zwei Tage durchtrocknen, bevor die Kinder sie mit Wasserfarben anmalen.

Pappmaché

Bevor die Plastik-Knete erfunden wurde, war Pappmaché das gefragte Material zum Formen und Basteln, für Kinder und für Künstler!
Pappmaché ist ideal für große Formen, denn man kann diese Masse gleich in großen Mengen herstellen und großzügig verarbeiten, also einfach aufeinander klatschen, zurechtdrücken, formen und verstreichen.
Ein guter Trick bei großen Formen ist, zuerst eine Grundform aus Schachteln oder Gitterdraht zu bauen und diese dann mit Pappmaché einzupacken.

Pappmaché selbst gemacht

Material:
Zeitungspapier
Eierkartons
großer Topf
heißes Wasser
angerührter Tapetenkleister
Rührstab

Für den Anfang könnten diese Mengen genügen: sechs Bogen Zeitungspapier, drei Eierkartons. Beides in sehr kleine Stücke reißen, in den Topf füllen und mit heißem Wasser übergießen, so dass der Schnipselberg ganz bedeckt ist. Und nun heißt es, wie so oft bei der Zubereitung von Selbstgemachtem, warten! Und zwar drei Tage, so lange sollte die Papiermasse einweichen und ausquellen.
Dann geht es weiter: Den Topf kippen und das überschüssige Wasser ausgießen. Eine Tasse dickflüssig angerührten Kleister dazugeben und kräftig verrühren. Bei dieser Kraftanstrengung kommen die Kinder sicher ins Schwitzen! Und nun kommt der Test: Ist die Masse so fest,

dass man sie formen kann? Wenn sie zu matschig ist, den Papierteig in ein großes, dünnmaschiges Sieb oder in ein Küchentuch packen und mit der Hand zusammendrücken, so dass überschüssige Flüssigkeit heraustropft.
Wer Pappmaché nicht gleich verarbeitet, sollte es besser in einem luftdicht verschlossenem Gefäß im Kühlschrank aufbewahren.

Lehm und Ton

Früher, als es weder Pappmaché noch Knete gab, da hatten die Kinder dennoch etwas zum Kneten und Figuren oder Murmeln formen. Was? Ob die Kinder diese Frage beantworten können? Kinder eines Waldkindergartens ganz bestimmt: Erde, Ton und Lehm!
Alle Kinder sollten einmal dieses tolle Erlebnis haben und aus der Erde Klumpen ausbuddeln und Figuren daraus formen!

Erdige Bastelsachen

Material:
Erde
Schätze der Natur

Das Bastelzimmer ist draußen im Wald. Da liegen neben Erde oder Lehm noch andere Bastelmaterialien bereit, die Kinder müssen sich nur umschauen. Das beflügelt die Phantasie, vielleicht so:
- Äste sind Hirschgeweihe – und bald steht der geknetete kleine Hirsch zur Stelle.
- Bucheckern sind die spitzen Zacken des kleinen Drachens – und bald ist der kleine Drache aus Lehm geformt und bekommt viele, spitze Zacken auf seinen Rücken.

● Ein kleiner Erdzwerg bekommt ein Hagebuttengesicht und Blättermäntelchen...

Es ist nur schade, dass die Kinder ihre Erdefiguren nicht mit nach Hause nehmen können. Unterwegs würden sie trocknen und zerbröseln. Deshalb dieses Rezept:

Erd-Knete selbst gemacht

Material:
1/4 Tasse angerührter Tapetenkleister
1/4 Tasse Holzleim
3 Tassen Erde
Schüssel
Rührlöffel

Alle Zutaten gut mischen und verrühren. Die Masse sollte nicht zu breiig sein, sondern schön fest. Deshalb mehr Erde unterkneten, wenn die Masse zu weich ist, oder mehr Kleister und Holzleim unterrühren, wenn sie zu fest ist.

Und was damit machen? Zum Beispiel kleine Erdgeister oder Phantasietiere, sie brauchen nicht angemalt werden, denn sie sehen faszinierend schön aus!

Arbeiten mit Ton

Zu empfehlen ist der Bastelton, der im Backofen gebrannt, besser gesagt gebacken werden kann. Wer sich auskennt, kann den Kindern das Töpfern mit einer Töpferscheibe zeigen.

Kneten

Beim Formen und Spielen mit Knete brauchen die Kinder eine Fingerfertigkeit, die ihnen heute meist fehlt, vor allem wenn die Spielwelt aus Knöpfchendrücken bei PC- oder Videospielen besteht. Hier können Sie den Kindern mit Knetespielen einen Ausgleich und ein gutes Übungsfeld zur Förderung und zum Training der feinmotorischen Fertigkeit anbieten.

Bevor die Kinder aus Knete Figuren formen oder sonstige Knetekunstwerke werkeln, macht es Sinn, dass sie zunächst mit einfachen Spielen erste Erfahrungen sammeln. Dazu eine Reihe von Spielaufgaben:

Knete abtrennen

Ein einziger dicker, großer Knete-Klumpen liegt auf dem Tisch. Das kann selbst gemachte Knete sein oder eine der anderen Knetesorten (siehe Seite 88 ff). Jetzt fordern Sie die Kinder auf, sich ein Stück davon zu nehmen. Das fängt ja gut an, denn das ist leichter gesagt als getan. Jedes Kind probiert auf seine Weise, dieser Aufforderung nachzukommen. Nachmachen ist erlaubt, selber Ausprobieren ist besser:

- Der eine quetscht ein Stück heraus,
- die andere zupft kleine Stückchen ab und drückt sie dann wieder zu einem Klumpen zusammen,
- der Nächste möchte mit der Handkante sein Stück weghacken, aber das geht nicht, er muss sich etwas anderes ausdenken,
- die Nächste bohrt alle Finger in den Klumpen und zieht ein Stück heraus.

So machen alle ihre eigenen Erfahrungen.

Zusammendrücken

▶ *Erst mal ausprobieren*

Die nächste Aufgabe heißt: Wie kann man Knete zusammendrücken? Die Kinder überlegen und probieren z. B. dies:

● mit den Fäusten flach klopfen;
● mit allen Fingern zerquetschen;
● mit zwei Fingern zerdrücken;
● in einer Faust zusammendrücken;
● mit dem Ellbogen eindrücken.

Wenn den Kindern nichts mehr einfällt, legen Sie mit weiteren Ideen los – und die Kinder machen bestimmt mit:

● Knete auf den Tisch klatschen;
● mit einem Bauklotz darauf klopfen;
● mit beiden Händen wie einen Schneeball zusammendrücken;
● zwischen zwei Brettchen zusammenquetschen;
● in eine Schale drücken.

Und immer wieder sieht das Ergebnis anders aus, mal ist die Knete flach, mal rund oder sogar eckig. Es macht Spaß, Worte zur Beschreibung der Kneteformen zu finden, sie kann z. B. wie ein Ball oder ein Pfannkuchen oder ein Klecks oder eine Höhle aussehen.

Faustabdruck

Nein, das ist nicht der sonst übliche, bekannte Gipsabdruck der flachen Hand, sondern etwas anderes:

Material:
Knetmasse, die aushärtet (Ton oder Sand- oder Sägemehlknete)
Zahnstocher
Lederband

Das Kind nimmt ein Stück Knetmasse und drückt sie in der Faust zusammen. Dann die Faust öffnen – und der Handabdruck erscheint. Nun in das geknuddelte Knetestück mit dem Zahnstocher ein Loch bohren, das ganze trocknen lassen und durch das Loch ein Lederband fädeln und verknoten (*Wer kann's?*, S. 105). Jetzt hat jeder etwas Einmaliges: Seinen Handabdruck, wie es nur einen einzigen auf der Welt gibt. Und die Kinder können immer wieder vergleichen, ob er noch passt!

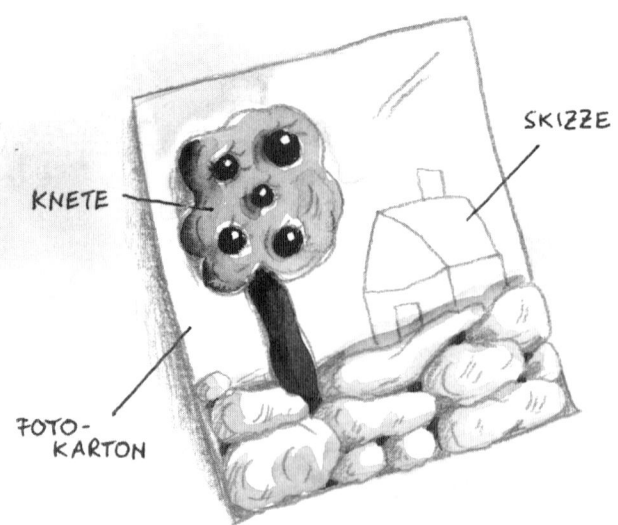

SKIZZE

KNETE

FOTO-KARTON

Knete-Mosaik-Bild

Material:
Fotokarton
Malstifte
Knete

Auf Fotokarton malt das Kind etwas, was ihm gerade in den Sinn kommt, z. B. einen Stern, ein Herz, eine Blume, ein Haus, einen Schneemann.

Zum Bildmotiv passend sucht es farbige Knete aus, zupft mit den Fingern immer ein Stückchen davon ab und drückt diese auf das Bild, genau auf die Stellen, die eigentlich mit Farben ausgemalt und nun mit Knete ausgefüllt werden.

Vulkan

Material:
Ton, Sand- oder Erdknete
Sand im Sandkasten
Wunderkerzen

Der Basteltisch wird diesmal in den Sandkasten verlegt. Ist der Sand zu trocken, besprühen die Kinder ihn mit Wasser, damit die kleinen Sandhügel halten, die sie im Sandkasten formen.
Jedes Kind nimmt ein dickes Stück von der Knetmasse, knetet es weich und drückt es sanft auf den Sandberg, dann das nächste Stück und

so weiter. Stück für Stück wird so der Sandberg zugedeckt. Die Bergspitze, der obere Rand bleibt weit offen, es soll ja ein Vulkan werden! Nun muss die Form trocknen. Das geht bei Sonnenschein zunächst im Sandkasten. Später heben die Kinder ihre Vulkanformen vorsichtig vom Sand ab und stellen sie zum Trocknen an einen warmen Platz.

Nach ein paar Tagen ist es so weit und jeder Vulkan darf zur Einweihung Funken sprühen: Den Sandkasten einebnen, alle Vulkane darauf stellen, in jeden Vulkan eine Wunderkerze stecken – und Sie zünden alle Wunderkerzen an. Nicht nur die Vulkane sprühen, sondern auch die Kinder, und zwar vor Begeisterung! Ein andermal können unter die Vulkane Teelichter gestellt werden, dann leuchten sie innen mit hellem Feuerschein, was schön aussieht!

① ② ③

Ausrollen

▶ Erst mal ausprobieren

Wer kann aus einem Kneteklumpen eine lange Schlange formen? Das ist wieder so eine Aufgabe für die Kinder zum Experimentieren. Wie könnten die Lösungen aussehen? Zum Beispiel so:

- Viele kleine Kneteklümpchen aneinander reihen.
- Die Knete quetschen und drücken, bis sie in Schlangenform gebracht ist.
- Die Knete einfach auseinander ziehen, so dass sie lang und dünn wie eine Schlange wird.

Und dann gibt es noch die besondere **Roll-Technik**, die Sie den Kindern zeigen sollten, wenn die nicht von alleine darauf kommen: Ein Stück Knetmasse mit den Händen zu einer Wurst formen, dann auf den Tisch legen und mit flachen Fingern darüber hin und her rollen, so dass die Knetewurst ebenfalls hin und her rollt. Dabei gleichzeitig die Finger immer weiter nach außen führen und so die Knete immer weiter auseinander ziehen. Das liest sich sehr kompliziert, ist aber so einfach. Also, Sie wissen bestimmt, wie es geht, und können es den Kinder zeigen. Und wieder heißt es ausprobieren und üben, bis es klappt. Doch weil diese Wurstelei Spaß macht, ist das Üben genauso spaßig.

▶ Weitere Experimente

- Was ist, wenn sich zwei lange Kneteschlangen miteinander und umeinander verdrehen?
- Wie sieht es aus, wenn man eine lange Kneteschlange zu einer Schnecke aufrollt?
- Mit Kneteschlangen lassen sich Figuren legen, z. B. ein blauer Kreis, ein rotes Herz, eine weiße Wolke oder ein Gesicht mit Knete-Knopf-Augen, Knete-Knubbel-Nase und Knete-Mund.
- Kneteschlangen baumeln gerne an Kinderfingern und schlängeln sich um die Hand.
- Auch ein Bilderrahmen kann aus einer dicken Kneteschlange entstehen, dazu legt man sie rund um das Bild und drückt sie fest.

Was noch? Jetzt sind die Kinder mit ihren Ideen an der Reihe! Je ausgefallener und komischer, umso besser! Natürlich probieren die Kinder alles aus.

Regenwurm-Bild

> **Material:**
> Knet-Masse
> Kartonpapier
> Erde
> angerührter Kleister
> Klebstoff

Etwas Erde mit Kleister verrühren und mit den Händen auf dem Kartonpapier verteilen. Jetzt sieht es wie echte Erde aus – ist es ja auch – und der Knete-Regenwurm, oder zwei oder drei, werden sich darauf sehr wohl fühlen.
Oder soll es lieber eine grüne, kleine Schlange mit roter, spitzer Zunge sein, die auf dem Erden-Bild schlängelt?

Zum Schluss das Knetetier festkleben. Vielleicht kommen morgen Käfer und übermorgen kleine Schnecken dazu? Natürlich alles aus Knete!

Schnecke

> **Material:**
> Knete-Masse
> leeres Schneckenhaus

Eine kleine Knetewurst ist der Schneckenkörper, das echte Schneckenhaus kommt oben drauf! Diese Schnecken sitzen gerne in Blumentöpfen!

Kugeln formen

Zeigen Sie den Kindern, wie sie aus Knete eine Kugel rollen können. Mit ein bisschen Übung kommt die Geschicklichkeit. Ein Ansporn sind vielleicht diese Spielsachen:

Murmeln

> **Material:**
> Salzteig oder Ton

Die Kugeln rollen, trocknen lassen und mit Wasserfarben bunt anmalen. Was können die Kinder damit spielen? Zum Beispiel das Murmelspiel mit dem Kartonhaus (siehe Seite 70) oder mit der Murmelbahn (siehe Seite 6).

Perlen

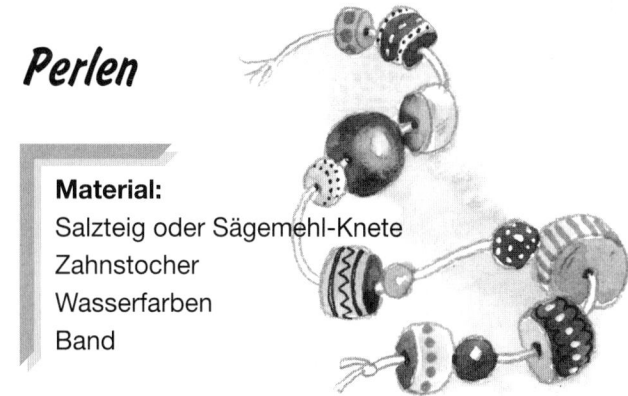

> **Material:**
> Salzteig oder Sägemehl-Knete
> Zahnstocher
> Wasserfarben
> Band

Die Kugeln formen, jeweils auf Zahnstocher aufpieksen, trocknen lassen. Dann mit Wasserfarben bunt anmalen, den Zahnstocher wieder herausziehen und die Perlen auffädeln (*Wer kann's?*, S. 121).

Flachdrücken und Ausstechen

Knete mit Ausstechförmchen ausstechen, das ist eine tolle Technik, mit der die Kinder viele Spiel- und Bastelsachen selber machen können. Bevor sie mit dem Ausstechen beginnen, müssen sie die Knetemasse flach drücken oder ausrollen. Und wie das geht, probieren die Kinder zuerst einmal aus. Dabei werden sie entdecken, wie vorsichtig sie mit der flachgedrückten Knete hantieren müssen, damit diese nicht reißt oder zusammenfällt, wenn sie sie von der Fläche abziehen.

▶ *Erst mal ausprobieren*

Flach drücken
...mit der Hand
Jedes Kind nimmt ein Stück Knete und versucht dieses mit der Hand flach zu klopfen. Gelingt das gut?

...mit dem Wellholz
Vielleicht erinnert sich eines der Kinder daran, dass zu Hause die Mama den Kuchenteig mit einem Wellholz auswellt? Ob das auch mit Knete geht? Die Kinder suchen in der Puppenküche nach dem Wellholz.

...mit der Flasche
Oder gibt es noch etwas anderes, mit dem Knete ausgerollt werden kann? Wie wäre es mit einer Flasche? Ausprobieren!

▶ *Erst mal ausprobieren*

Jetzt kommt der zweite Teil der Arbeit, das Ausstechen.

Ausstechen
...mit dem Messer
Die Kinder können mit einem kleinen, stumpfen Messer eine Form herausschneiden, z. B. eine Wolke oder einen Stern. Das probieren sie gleich aus.

...mit Formen
Und weiter geht es mit Gläsern, Bechern, Töpfen oder Schüsseln, damit können die Kinder kleine und große Kreise ausstechen. Und dann gibt es die Ausstechförmchen aus der Weihnachtsbäckerei. Sie sind ideal für die Knete-Basteleien und die unterschiedlichen Formen regen zu neuen Bastel- und Spielideen an.

Puzzle

Material:
Salzteig, Ton oder Sägemehl-Knete
Schüssel
Wellholz
Ausstechförmchen
Wasserfarben
Pinsel
Klarlack

Den Teig höchstens 1 cm dick auswellen und mit einer Schüssel eine große Form ausstechen – das ist der Rahmen des Puzzles.
Mit Ausstechförmchen innerhalb dieses Kreises verschiedene Motive ausstechen, das können

Stiefel, Autos, Sterne, Vögel, Blätter, Enten, Häschen und vieles mehr sein.

Entweder alles zuerst ein Weilchen trocknen lassen oder gleich die ausgestochenen Figuren vorsichtig aus dem Teig lösen, so dass weder der große Kreis noch die Figuren zerdrückt werden.

Ist alles getrocknet, können die Figuren mit Wasserfarben bunt angemalt und eventuell mit Klarlack überzogen werden.

Wenn auch die Farben trocken sind, kann das Puzzle-Spiel beginnen:

Welche Form passt an welchen Platz?

Abendhimmel-Mobile

Material:
Salzteig
Ausstechförmchen: Mond und Sterne
Wellholz
Zahnstocher
Wasserfarben und Pinsel
Faden
Ast

Den Teig 1/2 cm dünn ausrollen.
Einen Mond und viele Sterne ausstechen.
Mit dem Zahnstocher kleine Aufhängelöcher durchstechen.
Trocknen lassen.
Mit Wasserfarben anmalen und zu einem Mobile am Ast aufhängen.

Figuren formen

Ist das nun ein Hund oder ein Dinosaurier? Diese Frage könnte die kleinen KünstlerInnen ärgern. Das sieht man doch! Das ist ein Hase mit langen Ohren! Ja, die Kinder erkennen ihre Figuren und wissen genau, was es sein soll! Nur wir Erwachsenen sind manchmal zu dumm dazu – oder fehlt uns nur die Phantasie? Also, besser mal nachfragen mit einem „Sag mir, was du gerade machst!", bevor wir uns blamieren.

Zoo

Material:
Knete, Sand- oder Sägemehl-Knete oder Pappmaché
Wasserfarben
große, flache Kartonkiste
Naturmaterial wie Moos, Sand, Gräser, Zweige
dickflüssiger Kleister
Spezialkleber

Bei dieser großen Arbeit können viele Kinder mitmachen. Am besten richten Sie mit den Kindern dafür eine extra Bastelecke ein. Dort finden sich dann die Kinder zusammen, die an dem Zoo weiterarbeiten wollen.

Zoo-Landschaft

Die Kinder suchen draußen im Garten nach geeigneten Schätzen und schauen auch in der Bastelkiste nach, ob etwas Passendes dabei ist. Fehlt es an wichtigen Dingen wie Moos, Rinde, Ästchen oder Kieselsteinen, wäre ein Spaziergang fällig, wo die Kinder diese Naturschätze suchen und sammeln können.

Auf oder in dem Karton bauen die Kinder ihr Zoogelände auf, mit Sandwegen, Mooswiesen, Tannenzapfenwäldchen, Erdhügeln, Grasflächen und vielem mehr. Die Zweige sind die Gartenzäune.

Die Kinder phantasieren und probieren und entscheiden dann, was wie und wo aufgebaut werden soll und kleben alles mit dickflüssigem Kleister fest. Manche Dinge, wie z. B. die Kieselsteinberge, müssen mit Spezialkleber festgeklebt werden, das ist dann Ihre Arbeit.

Zoo-Tiere

Die Kinder besprechen und stimmen ab, wer welche Tiere formt. Wenn dann das Krokodil so groß wie der Hase ist – das stört die Kinder nicht, das stört nur die Erwachsenen. Also, halten Sie Ihre guten Ratschlägen lieber zurück. Oder besser noch: Machen Sie einfach mit und zeigen den Kindern Ihre Freude am Basteln und Formen. Das steckt die Kinder an!

Zum Schluss malen die Kinder die Tiere mit Wasserfarben an. Da kann ein Nilpferd schon mal rosa aussehen – macht nichts! Wenn es dem Kind so gefällt!

Und dann ziehen die Tiere mit einem feierlichen Umzug in den Zoo ein und werden auf ihre Plätze geführt. Das ist auch für die Kinder ein aufregender Augenblick, haben sie doch tagelang dafür gearbeitet.

Figuren-Theater

Fingerpuppen

Material:
Salzteig, Ton, Sandknete
Wasserfarben
Pinsel

Ein Stück von der Knetmasse über den Zeigefinger der einen Hand drücken, mit der anderen Hand eine kleine Figur daraus formen. Den Finger wieder herausziehen und warten, bis die Figur getrocknet und hart ist, dann kunterbunt anmalen.

Und bald tummeln sich Wichtel, Katzen, Kasperles, Räuber und andere Phantasiefiguren auf einer Stuhllehne und geben sich ein Stelldichein.

Ein Vorschlag:
Zwei Kinder improvisieren eine kleine Szene, die anderen sind Zuschauer. Ein Gongschlag zeigt an, dass gewechselt wird und zwei neue Spieler auftreten.

Handpuppen

Material:
Sägemehlknete oder Pappmaché
Stab
Wasserfarben
Pinsel
Stoff
Wolle
Schere
Klebstoff

Diesmal wird der Knetmasseklumpen um einen fingerdicken Stab gedrückt und die Kinder haben zum Formen beide Hände frei.

Ist der Puppenkopf mit seinem langen Hals getrocknet, bemalen die Kinder ihre Handpuppe, kleben Wollehaare an und schneidern aus einem Stoffstreifen einen Umhang, den sie mit dem Wollfaden am Puppenhals festbinden.

Zuckerbäckerei

In einem Kapitel „Kneten und Formen" darf eines nicht fehlen: Ein Teig, den die Kinder nicht nur formen, rollen und ausstechen, sondern endlich auch mal kosten, naschen und aufessen dürfen! Dazu ein paar Rezepte, bestens geeignet zum Selbermachen und zum Naschen. Es sind Rezepte aus Großmutters Backbuch! Vielleicht kennen Sie auch eine Oma, die den Kindern ihre Rezepte verrät, besser noch: mit den Kindern zusammen die Plätzchen bäckt! Großmütter haben erfahrungsgemäß viel Geduld mit Kindern und auch großes Verständnis für kleine Naschkatzen!

Runde Plätzchen

Zutaten:
300 g Mehl
1 Päckchen Backpulver
75 g Zucker
6 Esslöffel Keimöl
6 Esslöffel Milch
150 g Quark
Schüssel
Rührstab
Backbrett
Wellholz
Trinkglas zum Ausstechen
Backpapier

Alle Zutaten, außer Mehl, in einer Schüssel verrühren, dann nach und nach das Mehl unterrühren. Wenn Rühren nicht mehr geht, den Teig auf ein Backbrett legen und mit dem noch übrigen Mehl verkneten.
Ob der Teig jetzt gut schmeckt? Das müssen die Plätzchenbäcker eingehend prüfen und kosten!

Das Backbrett oder eine Tischplatte mit Mehl bestäuben, den Teig ausrollen (*Wer kann's?*, S. 96) und mit einem Trinkglas viele Kreise ausstechen (*Wer kann's?*, S. 98).
Die Plätzchen auf ein mit Backpapier belegtes Backblech legen, den restlichen Teig wieder zusammenkneten, noch einmal auswellen und weitere Plätzchen ausstechen. So geht es immer weiter, bis der ganze Teig in Plätzchen verarbeitet ist.
Die Plätzchen etwa 20 Minuten bei 175°C backen.

Knusper-Kugeln

Zutaten:
300 g Mehl
250 g Margarine
100 g Puderzucker
1 Päckchen Vanillezucker
30 g Kakaopulver
1 Teelöffel Zimt
etwa 60 ganze Haselnüsse
Schüssel
Messer

Alle Zutaten in einer Schüssel durchkneten und für eine Stunde in den Kühlschrank stellen. Dann eine dicke Rolle formen, einzelne Scheiben abschneiden, eine Haselnuss in die Mitte setzen und den Teig rundum zu einer Kugel formen, so dass die Haselnuss darin versteckt ist. Die Kugeln auf ein mit Backpapier ausgelegtes Backblech legen und etwa 25 Minuten bei 160°C backen.

Knüpfen und Knäueln

Ja, die Zeiten haben sich geändert: Die Kinder haben wilde Wuschelköpfe und keine Zöpfe mit Schleifen, sie tragen Turnschuhe mit praktischen Klettverschlüssen und keine Lederstiefelchen mit Schnürsenkeln, die Spielsachen sind mit Schaltern, Hebeln und Druckknöpfen ausgestattet und selten mit Schlaufen, Schnüren und Haken. Warum also das Knüpfen, Wickeln oder Schleifenbinden lernen? Einfach deshalb, weil auch heute noch die Kinder bei ihren Spielen etwas zusammenbinden, festbinden, umwickeln oder mit Schleifen und Kordeln schmücken wollen. Und dann müssen sie meistens einen Erwachsenen um Hilfe bitten, der hat oft keine Zeit oder keine Lust – und für die Kinder beginnt der Frust! Also, Selbermachen ist die bessere Lösung. Wie die Kinder diese Fertigkeiten lernen, üben und dabei Spaß haben, das zeigt dieses Kapitel.

rahmen und Treppengeländer, von Schränken und Stuhllehnen. Das ist Ihre Arbeit und die Überraschung wird gelingen, denn die Kinder werden staunend das Bändergewimmel betrachten und sich vor allem neugierig fragen, was das soll! Erst wenn alle Kinder da sind, rücken Sie mit der Spielidee heraus: Ab jetzt darf eine Schnur oder ein Band nur anfassen, wer einen Knoten hineinknüpft! Ansonsten ist berühren verboten. Wenn das keine Herausforderung ist!

Und wie das Knotenknüpfen an einer herabhängenden Schnur geht, das zeigen Sie ganz langsam, Schritt für Schritt, und am besten jedem Kind einzeln, so dass es ebenfalls Schritt für Schritt jede Handbewegung nachmachen kann.

Am anderen Tag ist der Spuk vorbei. Beinahe, denn diesmal liegt ein Schnur- und Bänderberg mitten im Raum. Was ist damit? Es ist die Vorbereitung für die nächsten Spiele.

▶ *Erst mal ausprobieren*

Viele dicke Schnüre und Bänder hängen herab, z. B. von Decke und Gardinenstange, vom Tür-

Binden ....

Anbinden

Material:
Schnur- und Bänderberg

Keiner darf die Schnüre oder die Bänder anfassen, es sei denn, er bindet sie irgendwo an.

Und wieder zeigen Sie den Kindern genau und mit langsamen Handbewegungen, wie das Anbinden geht. Wenn es sein muss, jedem Kind einzeln und immer wieder, bis es klappt.

Dann aber kann das Spiel beginnen! Jedes Kind nimmt eine Schnur und zieht damit los. Es wird nicht lange dauern und wieder schmücken viele Schnüre und Bänder das ganze Zimmer.

Losbinden

Material:
festgebundene Schnüre und Bänder
(siehe oben „Anbinden")

So geht es am nächsten Tag weiter. Mit einem lauten „Achtung – fertig – los!" rennen alle Kinder los, um ihre festgebundenen Schnüre und Bänder wieder loszubinden.

Wer ist flink und geschickt? Wer ist ausdauernd und geduldig? Darauf kommt es jetzt an.

Schleifen binden

Material:
viele Bänder oder zugeschnittene, bunte Stoffstreifen

Schleifen binden ist eine komplizierte Sache. Aber nachdem die Kinder ihre Fingerfertigkeit mit Knüpfen, An- und Losbinden trainiert haben, wird ihnen das Schleifenbinden auch gelingen.

Dazu liegen wieder viele Bänder oder zugeschnittene, bunte Stoffstreifen (*Wer kann's?*, S. 75) bereit.

Auch das Schleifenbinden müssen Sie den Kindern genau zeigen. Oder können es ein paar Kinder schon? Dann sind die jetzt an der Reihe und verraten den anderen den Schleifentrick.

Die Kinder haben für ihre Schleifenkunstwerke den ganzen Tag Zeit und dürfen diese überall anbringen. Diesmal auch an Haare, Arme und Hosenbeine, und sogar die Puppen und Teddybären wollen damit geschmückt werden.

Wie festlich plötzlich alles aussieht! Gibt es einen Grund zum Feiern? Na klar, den Schleifentag! Und die Besucher, z. B. Eltern, die ihre Kinder abholen wollen, dürfen nur dann den Raum betreten, wenn sie sich auch mit einer Schleife schmücken lassen.

Erst am anderen Tag nehmen die Kinder die Schleifen wieder ab. Wie praktisch, dass sie dabei nur ein einem Ende zu ziehen brauchen, und schon löst sich die ganze Schleife auf!

Knoten knüpfen

Ein Knoten kann fest sein, dann hält er gut, doch nur mit viel Fingergeschick und Geduld bekommt man ihn wieder auf. Anders ist es beim lockeren Knoten, der geht leicht wieder auf, aber hält nicht so gut. Auch eine Schleife kann fest oder locker sein und entsprechend halten oder wegrutschen. Diese praktischen Erfahrungen haben die Kinder mit den Spielen, auf den vorhergehenden Seiten gemacht.

Und wenn die Kinder nun Spaß am Knoten und Binden bekommen haben und noch mehr ausprobieren wollen, dann sind die folgenden Spiele und Bastelsachen interessant.

▶ Weitere Experimente

Material:

lange und kurze, dicke und dünne Schnüre, Wolle, Bänder, Fäden, Garne...
Sachen wie Tücher, Schals, Socken, Strümpfe, Strumpfhosen, Pullover, Tischdecken, Vorhänge...

Alle Sachen liegen aufgehäuft und durcheinander auf dem Tisch, es sieht aus wie ein Wühltisch beim Laden-Schlussverkauf. Die Aufgabe des Spiels ist einfacher gesagt als getan: Findet heraus, in was ihr alles einen Knoten machen könnt, egal ob winzig klein oder riesig groß.

Die Ergebnisse des Experiments werden von allen Beteiligten begutachtet. Wer hätte z. B. gedacht, dass man in ein Tischtuch auch einen Knoten machen kann?

Schiebeknoten

Das ist ein sehr praktischer Knoten. Man kann ihn wirklich hin und her schieben, und das geht so:

Die Schnur sollte auf dem Tisch liegen, so geht das Knüpfen einfacher.

Ein Ende nehmen und damit in die Mitte der Schnur einen normalen Knoten knüpfen. Jetzt hat die Schnur eine Schlinge und der Knoten in der Mitte lässt sich verschieben, so dass die Schlinge mal größer, mal kleiner wird.

Dieser Knoten heißt auch Paketknoten, weil er für das Verschnüren von Schachteln und Paketen bestens geeignet ist.

Na, das wollen die Kinder bestimmt gleich ausprobieren (siehe Päckchenspiel Seite 112).

SCHIEBEKNOTEN

Traumvorhang

Der indianische Traumfänger ist sicher vielen bekannt. Es heißt ja, dass dieses geknüpfte Kunstwerk böse Träume einfängt und gute Träume durchlässt. Doch was ist mit einem ganzen Traumvorhang? Farbenfroh, glitzernd und märchenhaft schön soll der Traumvorhang werden, denn solche Träume wünschen sich die Kinder. Und mit einem Traumvorhang über dem Bett gehen die Wünsche bestimmt auch in Erfüllung!

> **Material:**
> feine, glänzende Geschenkbänder,
> Goldkordeln, Silberfäden, Engelshaar
> feine Stoffe, Tüll, Sternenstoffe
> Glitzerperlen, Federn
> Bambusstab, etwa 50 cm lang
> Schere

Der Bambusstab bekommt an beiden Enden eine Schlaufe angeknüpft, daran wird er aufgehängt, z. B. an einer Stuhllehne, am Treppengeländer, draußen im Garten am Zaun, an einem Busch oder am Klettergerüst, das dann ausnahmsweise mal Baustelle wird und nicht beklettert werden darf.

Jedes Kind sucht sich Bänder, Schnüre, Perlen, Federn usw. aus, schneidet auch vom feinen Tüll und den schönen Stoffen dünne, lange Streifen ab (*Wer kann's?*, S. 65) und breitet seine Schätze vor sich aus.

Der kleine Bastler knüpft mindestens zehn Bänder, Schnüre oder Fäden in gleichem Abstand an den Bambusstab, so dass alles glatt herunterhängt. Dann macht er jeweils in zwei nebeneinander hängende Bänder oder Schnüre einen Knoten. In der nächsten Knüpf-Reihe lässt er die beiden äußeren Bänder hängen und knotet dann jeweils zwei nebeneinander hängende Bänder zusammen. In der dritten Reihe nimmt er die Randbänder wieder dazu und knüpft weiter. So entsteht die Netzstruktur. Ist ein Band zu kurz geraten, wird das nächste einfach angeknüpft.

Und damit es wirklich ein traumhaft schöner Vorhang wird, fädelt das Bastelkind immer wieder Perlen auf und schiebt sie bis zum nächsten Knoten nach oben; ein Knoten darunter verhindert, dass die Perlen wieder herausrutschen. Die Federn steckt es jeweils in einen Knoten und betupft diese vielleicht noch mit Duftöl. Wie lang soll der Traumvorhang werden? Das bestimmen die kleinen Träumerlein selbst!

Festbinden

Bei den Spielen auf Seite 103 f lernen die Kinder, wie sie Schnüre und Bänder festbinden. Bei den folgenden Spielen und Basteleien verbinden oder verknüpfen die Kinder verschiedene Sachen miteinander und machen dabei eine Menge praktischer Erfahrungen, die sie später bei ihren Spielen gut einsetzen können.

▶ Erst mal ausprobieren

Sie stellen eine etwas schwierigere Aufgabe und die Kinder suchen gemeinsam nach einer praktikablen Lösung:

- Eine lange Wäscheleine für die Puppenkleider aufspannen, doch die Schnüre sind dafür zu kurz.
- Drei Autos hintereinander festbinden, so dass sie alle zusammen wie eine Eisenbahn gezogen werden können.
- Den Teddy im Vorhang verstecken, ohne dass er zu sehen ist und auch nicht herunterfällt.
- Zwei Stühle so zusammenbinden, dass sie nicht mehr auseinander rutschen und wie eine Bank nebeneinander stehen.

Also, wer hat eine Idee, wie es geht und was man dazu braucht? Sind dünne Schnüre oder breite Bänder besser geeignet? Oder vielleicht der Basteldraht oder der alte Wollschal? Wem etwas einfällt, der erzählt es den anderen und alle helfen mit, diese Idee umzusetzen.

Windspiel

Kaum zu glauben, wie schön die großen, groben Nägel klingen! Nein, nicht wenn sie ins Dachgestühl geschlagen werden, sondern wenn sie an bunten Fäden baumeln und zart aneinander schlagen. „Himmlisch!" sagen manche Kinder zu diesem hellen Klang.
Jedes Kind kann sich so ein Klangspiel basteln, vorausgesetzt, es kann knüpfen und festbinden.

> **Material:**
> lange Zimmermannsnägel
> Wolle oder Bänder
> Ast

Jeden Nagel am Nagelkopf an einer Schnur festbinden, die Schnüre einzeln an einen Ast knüpfen, dieser bekommt eine Schlaufe zum Aufhängen und fertig ist das Himmelsklangspiel.
Es könnte im Treppenhaus hängen und mit seinem hellen Ton verraten, wenn der Wind durch das Haus streicht oder Kinder in Windeseile vorbeisausen.

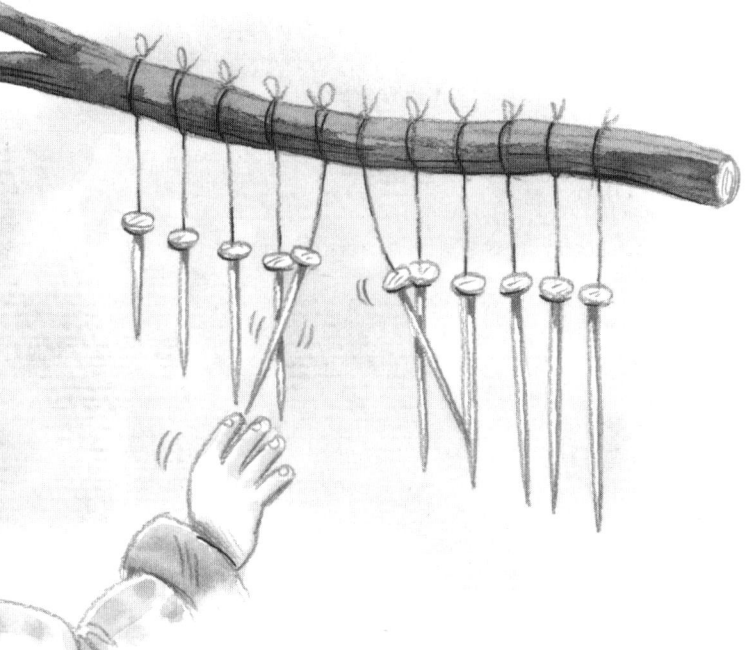

Schellenstab

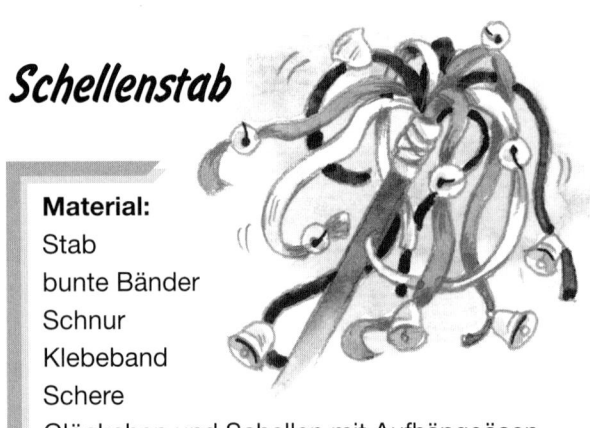

Material:
Stab
bunte Bänder
Schnur
Klebeband
Schere
Glöckchen und Schellen mit Aufhängeösen

Die Kinder schneiden mehrere Bänder und Schnüre gleich lang ab, knüpfen an einem Ende alles zusammen und kleben das Knotenbüschel mit Klebeband an den Stab. An die Schnüre knüpfen sie ein, zwei oder mehr Glöckchen und Schellen.
Wenn die Kinder nun mit ihrem Schellenstab tanzen, flattern die Bänder, klingen die Glöckchen und bimmeln die Schellen.

Schellentanz

Als Tanzmusik
ist jedes Kinder-
lied geeignet.
Die Kinder stapfen
singend im Kreis
und klopfen mit ihrem
Schellenstab im Takt
dazu auf den Boden.
Hat das Lied einen
Refrain, bleiben die
Kinder bei diesem Lied-
teil stehen und schütteln
im Takt ihren Schellen-
stab, so dass nur die
hellen Glöckchenklänge
ertönen.

Jahresbaum

Material:
Ast
Eimer
Erde oder Sand
Naturmaterialien
dünner Basteldraht
Gartenschere

● Die Kinder richten den Jahresbaum auf. Dazu füllen sie den Eimer mit Sand und stecken einen schön verzweigten Ast senkrecht hinein.
● Sie breiten ihre gesammelten Naturschätze auf dem Tisch aus, z. B. Blätter, Tannenzapfen, Kastanien, Bucheckern, Ahornsamen, Eicheln.
● Die einzelnen Teile umwickeln sie mit Basteldraht und formen eine Aufhängeschlaufe.

Damit es ein richtiger Jahresbaum ist, schmücken die Kinder ihn jeden Monat neu, z. B. so:

Januar	Schneekristalle aus Papier (siehe Scherenschnitt-Stern Seite 67)
Februar	Papierschlangen (siehe Seite 68)
März	Ostereier (siehe Seite 49)
April	Knetefiguren (siehe Seite 100)
Mai	Papierblüten (siehe Seite 84)
Juni	Strohblumen-Blüten
Juli	Papiersonnen (siehe Seite 84)
August	Postkartengrüße
September	Kastanien, Eicheln, Bucheckern
Oktober	Herbstblätter
November	Laternchen (siehe Seite 64)
Dezember	Goldpapiersterne (siehe Seite 67)

Verknoten

Wer diese Spielsachen basteln möchte, der muss nur Knoten knüpfen können, mehr nicht!

Zipfel-Kasperle

Material:
Taschentuch oder Stoff in gleicher Größe

In drei Ecken des Taschentuches machen die Kinder jeweils einen Knoten.
Sie schieben den mittleren Knoten über den Zeigefinger, das ist der Kasperlekopf mit Zipfelmütze.
In die beiden anderen Knoten schlüpfen Daumen und Mittelfinger, das sind die Hände des Kasperles.
Und mit „Tra-tri-trallalla!" tanzen auch schon die kleinen Kasperle auf der Stuhlkante, sagen quatschige Sachen, verdrehen Wörter, singen laut und falsch „Alle meine Männchen, schwimmen auf dem See...!" und lachen sich dabei krumm und schief.

Gespenst-Marionette

Material:
Tüll- oder Seidentuch
Faden
Schere
zwei Stäbe

Das Tuch sollte quadratisch sein. In drei Tuchecken knüpfen die Kinder jeweils einen Knoten. Dann schneiden sie drei gleichlange Fäden ab und binden und knoten diese jeweils um einen Eckzipfel. Den mittleren Faden knüpfen sie an einen Stab, das ist der Kopf des kleinen Gespenstes, die beiden anderen Fäden kommen an den zweiten Stab, damit werden die Arme der Marionette geführt.
Nun fehlt nur noch eine Gespenster-Tanzmusik und schon tanzen und schwingen, schweben und wirbeln die kleinen Gespenster durch den Raum.

Fallschirm

Material:
Papierserviette
Faden
Schere
Perle

Die Kinder schneiden vier gleichlange Fäden ab und binden und verknoten jeweils einen Faden an eine Ecke der Serviette.

Alle vier Fäden fädeln sie durch die Perle und verknoten die Fadenenden so miteinander, dass die Perle nicht mehr herausrutschen kann. Beim Spiel legen sie die Perle in den Fallschirm, knüllen diesen zusammen und werfen das Knäuel in die Luft. Beim Herabfallen breitet sich der Fallschirm auseinander und schwebt mit baumelnder Perle langsam zu Boden.

Wenn die Kinder draußen im Garten spielen, kann es sein, dass der Wind mitspielen will und den kleinen Fallschirm weiter trägt. Da werden die Kinder begeistert hinterher rennen.

Ein Trick: Sollte der Fallschirm beim Herabfallen nur taumeln oder sogar zusammenfallen, dann kann man in die Mitte des Fallschirms ein Pfennig-kleines Loch schneiden.

So geht's besser!

Spinnennetz

Material:
Wollknäuel aus dicker Wolle

Jetzt wird es aufregend, denn die Kinder spannen spinnenlange Fäden durch das Zimmer. Wenn viele mitmachen, könnten sie wie folgt vorgehen:

Jeweils zwei Kinder wandern mit dem Wollknäuel los, besprechen miteinander, wo und wie sie den Wollfaden festbinden wollen, knoten den Anfang irgendwo fest und spannen den Wollfaden von einer Seite des Raumes zur anderen. Dann kommen die nächsten zwei an die Reihe und machen weiter.

So spannen und spinnen die Kinder ein riesengroßes Netzwerk in den Raum, kreuz und quer, hoch und tief, von einer Ecke zur andern.

Doch der Spaß geht nach getaner Spinnenarbeit weiter: Nun kann niemand mehr normal durch den Raum gehen, sondern wird nur noch hüpfend oder schlüpfend, steigend oder kriechend und auf jeden Fall lachend vorwärts kommen!

Das Spinnennetz bleibt über Nacht hängen. Wie groß ist am anderen Tag die Überraschung, wenn Bonbons daran hängen und Stofftiere darin herumklettern! Wer hat denn das gemacht? Na, das wird nie und nimmer verraten!

Umwickeln

Beim Binden und Knüpfen muss man meist zuerst etwas umwickeln, bevor man einen Knoten macht. Das können die Kinder bei diesen Bastelsachen extra üben.

▶ Erst mal ausprobieren

Was heißt wickeln? Also, man kann z. B. einen Wollschal um den Hals wickeln, ein Freundschaftsbändchen um das Armgelenk, eine Bandage um das Knie und auch Babys werden gewickelt... aber das ist eine andere Sache! Und weiter geht es z. B. mit diesen Wickeleien:

- Eine Schnur über einen Stab wickeln, das ist z. B. bei einer Drachenschnur praktisch: Die Schnur ist schnell wieder abgewickelt, wenn Wind aufkommt und der Drachen steigt.
- Wolle um eine Papprolle wickeln. Das ist vor allem praktisch, wenn man kein Wollknäuel wickeln kann; so kann die Wolle sich nicht aufdröseln oder verwursteln.
- Ein Spielzeug so dicht mit Wolle umwickeln, dass keiner mehr erkennt, was drin steckt. Wie wäre es mit diesem Ratespiel: Jedes Kind wickelt heimlich ein kleines Spielzeug ein und alle raten, was es sein könnte?

Wawuschel

Wawuschel sind kleine Woll-Kerlchen. Vielleicht Gespenster oder Gnome? Wer weiß! Basteln, genauer gesagt wickeln können die Kinder ihre Wawuschels wie folgt:

Material:
Kartonstreifen
Wolle
Schere

Einen Kartonstreifen dick mit Wolle umwickeln. Den Karton der Länge nach etwas einknicken, einen Wollfaden zwischen Karton und gewickelter Wolle durchziehen, fest zusammenziehen und verknoten, so dass ein Wollebüschel entsteht. Die Wollfäden entlang der unteren Kartonkante durchschneiden.

Ein paar Wollfäden kürzen, so dass sie wie Strubbelhaare abstehen und zwei Wollfäden zu einer Aufhängeschlaufe verknoten. Fertig ist der kleine Wawuschel und will an Mützen oder Jackenknöpfen baumeln oder in Kinderhänden kuscheln.

Einwickeln

▶ Erst mal ausprobieren

Was können die Kinder alles einwickeln? Natürlich Geschenke! Probieren wir es einmal aus:

1. Versuch: Jedes Kind wählt aus der Papierkiste (siehe Seite 5) ein Geschenkpapier aus, glättet es mit der Hand, nimmt ein Spielzeug und wickelt es ein.

Die Kinder betrachten ihre Arbeit: Oh, da geht das Papier wieder auf, da rutscht der Inhalt heraus, da ist das Papier zu kurz und da ist es eher ein Papierknäuel als ein eingepacktes Päckchen.

Also, wie wickelt man nun ein Geschenk ein? Wie groß sollte das Papier sein, wie packt man den Gegenstand ein und faltet die überstehenden Seiten des Papiers um? Das alles zeigen und erklären Sie den Kindern ganz genau. Wen wundert es, dass hier die Kinder aufmerksam zuschauen? Päckchen packen und auspacken ist für sie eben immer eine spannende Sache, auch wenn es sich nicht um Geburtstagspäcken handelt.

2. Versuch: Jeder nimmt sein Päckchen wieder vom Tisch und probiert es noch einmal. Jetzt klappt es bestimmt! Zum Schluss ein Geschenkband mit Schleife binden (*Wer kann's?*, S. 104).

Päckchen packen

Material:
kleine Schachteln
Packpapier
Schnur
Zeichenpapier
Buntstifte
Schere

Die Kinder malen ein schönes Bild, falten es zusammen und legen es in die Schachtel, verpacken die Schachtel mit Packpapier und verschnüren das Päckchen am besten mit einem Schiebeknoten (*Wer kann's?*, S. 105).

Dann schreiben die Kinder mit Kritzelschrift die Adresse auf das Päckchen, malen eine Briefmarke darauf und ab geht's zur Post.

Der Postschalter ist ein großer Tisch, da sitzen Sie und warten auf die Päckchen. Sind alle abgegeben, wandern Sie als Postbote umher und teilen alle Postsendungen wieder aus!

Ja, das Auspacken ist für die Kinder genauso schön wie das Einpacken, auch wenn sie wissen, was drin ist!

Noch mal das ganze Spiel? Na klar!

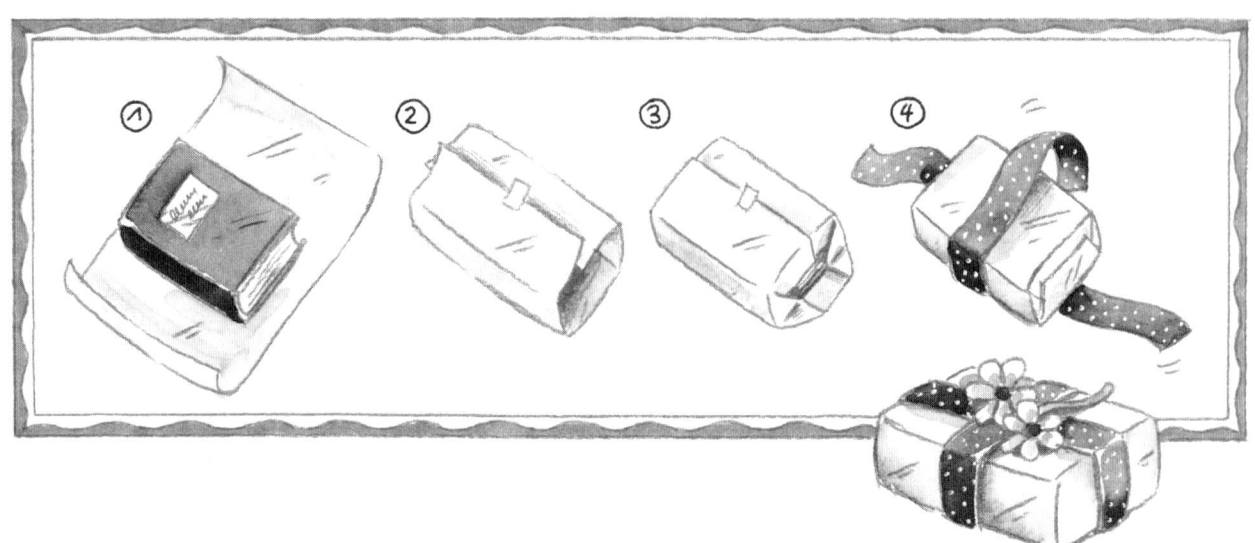

Knäueln

Fadenspiel

Material:
Wollfaden

Bällchen, Bällchen roll,
hüpf davon wie toll!

Bei der ersten Zeile des Verses rollt, kugelt und knäuelt der Spieler einen Wollfaden zwischen den Händen, bei der zweiten Zeile klatscht er mit einer Hand von unten her auf die geöffnete andere Hand, in der das Wollknäuel liegt, so dass dieses in die Höhe hüpft.

Wollbällchen

Material:
ungesponnene Schafwolle oder Märchenwolle

Ein Stück Wolle abzupfen und zwischen den Händen leicht knäueln und zart rollen, bis ein kleines, leichtes Wollbällchen daraus entstanden ist. Und was können die Kinder damit spielen? Beispielsweise dies:

Wollbällchen-Spiel

Die Kinder bauen auf dem Tisch aus Bauklötzen eine Hindernisstrecke auf, mit Toren, Brücken, Kurven und Slalomstrecke. Dann müssen die SpielerInnen jeweils ihr Wollbällchen über den Tisch pusten, vorbei an allen Hindernissen, durch das Tor, über die Brücke und bis zum Ziel.

Woll-Schäfchen

Material:
ungesponnene Wolle in weiß, schwarz und braun
Tonpapier in den gleichen Farben
Schere
Filzstift
Klebstoff
Streichhölzer

Der Körper des Schafes ist ein locker geknäuelter und zwischen den Händen gedrehter Wolleball. Auf das Tonpapier malen die Kinder Schnauze und Ohren, schneiden die Teile aus und kleben sie mit einem dicken Klecks Klebstoff einfach in die Wolle, ebenso die vier Streichholz-Beinchen. Zum Schluss bekommt das kleine Schäfchen mit Filzstift seine Kulleraugen aufgetupft.

Wenn viele Kinder mitmachen, wird bald eine große Schafherde über den Spieltisch ziehen. Vielleicht eine Bastelidee für die Weihnachtskrippe?

Wollknäuel wickeln

Wollen die Kinder lernen, wie man ein echtes Wollknäuel wickelt? Also, wer sich dafür interessiert, kommt in die Bastelecke, da wird diese Wollknäuelwickelkunst gezeigt.

Material:
Wollstrang

Sie halten ein gekauftes Wollebündel in der Hand, dieses sieht eher wie eine Wolle-Wolke aus, aber nicht wie ein rundes Wollknäuel. Das soll aber daraus werden! Deshalb legen Sie los und wickeln schnell und flink, so gut Sie eben können, ein kleines Wollknäuel! Schön sieht das aus, wie ein richtiges Bällchen! Die Kinder werden begeistert sein, das wollen sie auch können. Na klar! Und nun fangen Sie noch einmal an, ganz langsam, zum Nachmachen, und wer will, der macht gleich mit:

1. Den Wollfaden in die eine Hand nehmen und ihn ein paar Mal über Daumen und Zeigefinger der anderen Hand wickeln. Linkshänder machen das anders herum.
2. Mit den beiden Fingern aus der Wollschlinge herausschlüpfen, das Wollbündel erneut mit Daumen und Zeigefinger festhalten und wieder ein paar Mal drum herum wickeln.
3. Wieder mit den beiden Fingern aus der Wollschlinge schlüpfen, das kleine Knäuel ein wenig drehen, erneut festhalten und ein paar Runden wickeln usw.
4. Allmählich wird das Knäuel so groß, dass die Kinder es nicht mehr mit den beiden Fingern, sondern mit allen fünf Fingern halten müssen. In diesem Fall einfach neben den Fingern die Wolle wickeln, immer nach etwa fünf Wickelrunden das Knäuel drehen und an einer anderen Stelle weiterwickeln. So wird das Wollknäuel größer und größer.

Knüllen

▶ Erst mal ausprobieren

Auf dem Tisch liegen Mengen von Papier: Zeitungen, Zeitschriften, Packpapier, Geschenkpapier. Jetzt heißt es richtig zupacken und mit den Fingern das Papier bearbeiten. Da kommen die Kinder sogar ins Schwitzen und die Fingerkräfte lassen nach. Aber das macht nichts, das ist auch eine interessante Erfahrung mit Papier.

Es wird nicht lange dauern und die Papierknöllchen fliegen durch das Zimmer. Darauf haben Sie ja nur gewartet, denn jetzt geht es weiter mit Wurfspielen wie diesem:
Wer trifft in den großen Wäschekorb? – Die Spielregeln dazu erfinden die Kinder selber.

Weben und Nähen

Auf-ab-auf-ab-auf-ab..., so geht das Weben und das Nähen, einmal mit Garnen und Webschiffchen, einmal mit Nadel und Faden. Nähen und Weben sind uralte Handarbeitskünste, das beweisen die Fundstücke in Museen. Wie die Menschen damals, zu Ur-Zeiten, diese Technik wohl erfunden haben? Ein interessantes Gedankenspiel für Kinder, die Phantasie haben.

In diesem Kapitel geht es jedoch nur um allererste Erfahrungen mit dieser Handarbeit und um einfache Spiele und Bastelsachen, bei denen die Kinder ihre Fingerfertigkeiten üben und auch Erfahrungen sammeln können, welche Materialien dafür geeignet sind.

Zum Weben braucht man drei Dinge, das können Sie auch den Kindern erklären und zeigen:
1. einen Webrahmen;
2. die Längsfäden, sie heißen in der Fachsprache Kettfäden, die auf den Rahmen gespannt werden;
3. die Querfäden, die durch die Längsfäden gezogen, also gewoben werden. Die Worte längs und quer kennen die Kinder vielleicht schon vom Falten (siehe Seite 81).

Weben

Mit Wolle weben

Bei diesem einfachen Modell können die Kinder ihre ersten Versuche machen. Da kann nichts schief gehen, auch wenn die Fäden schief liegen. Es sieht trotzdem schön aus.

Material:
Schachtel
Schere
Wolle
Stoffreste

In den Schachtelrand schneiden die Kinder auf zwei gegenüberliegenden Seiten viele Schlitze dicht nebeneinander ein, nehmen den Wollfaden, machen einen Knoten, klemmen diesen hinter den ersten Schlitz, ziehen den Wollfaden auf die gegenüberliegende Seite, klemmen ihn

dort in den ersten Schlitz und führen den Faden durch den zweiten Schlitz wieder zurück. So geht es mit den Längsfäden hin und her, bis hinter dem letzten Schlitz die Wolle wieder verknotet wird.

Als Querfäden nehmen die Kinder besonders dicke Wollfäden. Sie werden einzeln durch die Längsfäden gewoben. Auf-ab-auf-ab geht es, alles von Hand, also ohne Webschiffchen und Nadel. Bei der nächsten Reihe heißt es aufgepasst, jetzt geht es nämlich ab-auf-ab-auf! Das ist der Trick beim Weben und das typische Webmuster entsteht. An den Rändern schneiden die Kinder die Wollfäden ab und lassen sie als Fransen herabhängen.

Diese ersten Web-Kunstwerke werden natürlich aufgehängt und ganz bestimmt von staunenden Eltern bewundert.

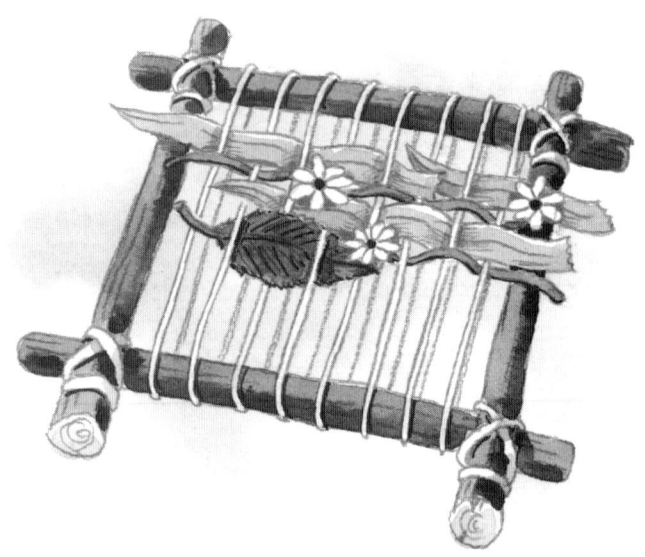

Mit Natursachen weben

Material:
vier Äste
Schnur
Schere
Gräser, Blätter, Blüten, Stängel, Halme usw.

Die Äste werden als Rahmen zusammengefügt und die Ecken mit Schnur zusammengebunden. Wenn das die Kinder noch nicht können, übernehmen Sie diesen Teil der Arbeit.

Dann machen die Kinder weiter: Mit der Schnur spannen sie die Längsfäden. Dazu brauchen sie keine Schnitte in die Äste einzukerben, sondern wickeln die Schnur über den ganzen Rahmen, ziehen sie schön straff und verknüpfen Anfang und Ende am Rahmen.

Nun weben die Kinder als Querfäden die Naturmaterialien ein. Ist mal ein Stängel zu kurz, fügen sie einfach den nächsten an. Auch bei den Blätter- und Blütenreihen wird ein Stück neben das andere geschoben bzw. gewoben.

Ist das Bild fertig, wird der Webrahmen zum Bilderrahmen und das kleine Kunstwerk kann aufgehängt werden.

Mit Stoff weben

Fleckerlteppich, ja so heißt dieser Teppich. Er ist aus altem Stoff, zu Streifen geschnitten, gewoben. Dieses Wort klingt lustig und verspricht eine genau so lustige Arbeit zu werden.
Ist es auch!
Viele Kinder können zusammen daran arbeiten. Am besten ist es, wenn der Webrahmen auf dem Basteltisch so lange liegen bleibt, bis die Arbeit fertig ist. So können die Kinder, wann immer sie Lust haben, dorthin gehen und weben.

Material:
vier Holzlatten oder ein großer, alter Bilderrahmen
Nägel
Hammer
Schnur oder dickeres Garn
Stoffe
Schere

Der Webrahmen sollte groß und stabil und die Holzlatten richtig festgenagelt sein. – Das ist Ihre Arbeit.

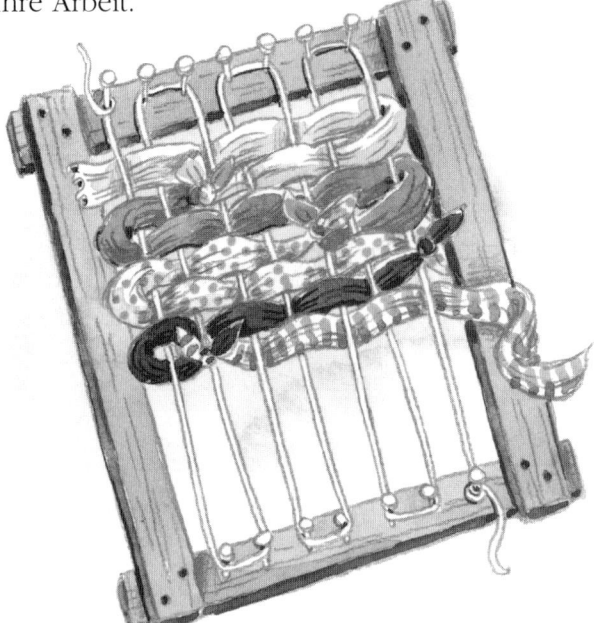

Dann können die Kinder weitermachen:
- Sie hämmern an zwei gegenüberliegenden Seiten viele Nägel ein, dicht nebeneinander (*Wer kann's?*, S. 132).
- Nun die Längsfäden über die Nägel hin und her spannen und Anfang und Ende der Schnur verknoten.
- Zum Weben brauchen die Kinder lange Stoffstreifen, die sie aus Stoffen selber zuschneiden (siehe Abb.).

Und los geht es mit Weben, also mit dem Auf-ab-auf-ab und bei der nächsten Reihe mit dem Ab-auf-ab-auf! Geht der Streifen zu Ende, wird der nächste angeknüpft.

Ein Trick: Um lange Stoffstreifen zu bekommen, nicht bis zum Rand schneiden, sondern kurz vorher den Stoff umdrehen und wieder zurückschneiden. Bei einem alten Rock oder Pullover beginnt man am Saum und schneidet immer rundherum im Kreis.

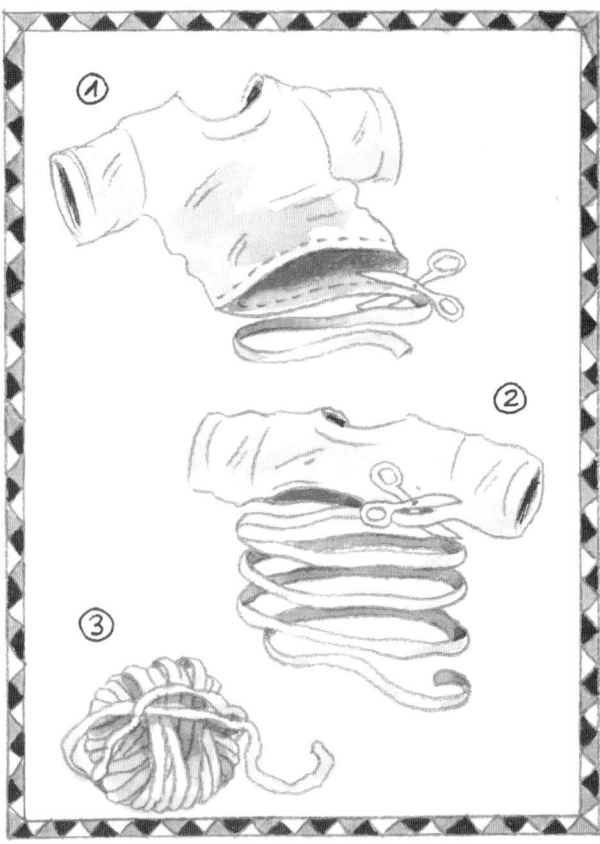

Papierflechten

Das Papierweben (man sagt auch Papierflechten dazu) war früher, als Großmutter noch ein Kind war, eine typische Kindergarten-Beschäftigung. Auch heute noch gibt es diese Flechtblätter zu kaufen.

Das Weben mit Papier ist schwieriger als das Weben mit Stoff; die Kinder müssen dabei sehr sorgfältig arbeiten, damit das Papier nicht reißt. Sie brauchen anfangs nicht die dünnen, feinen Buntpapier-Flechtblätter zu nehmen, sondern können selber breite Streifen aus etwas festerem Papier zuschneiden. Dazu weitere Ideen:

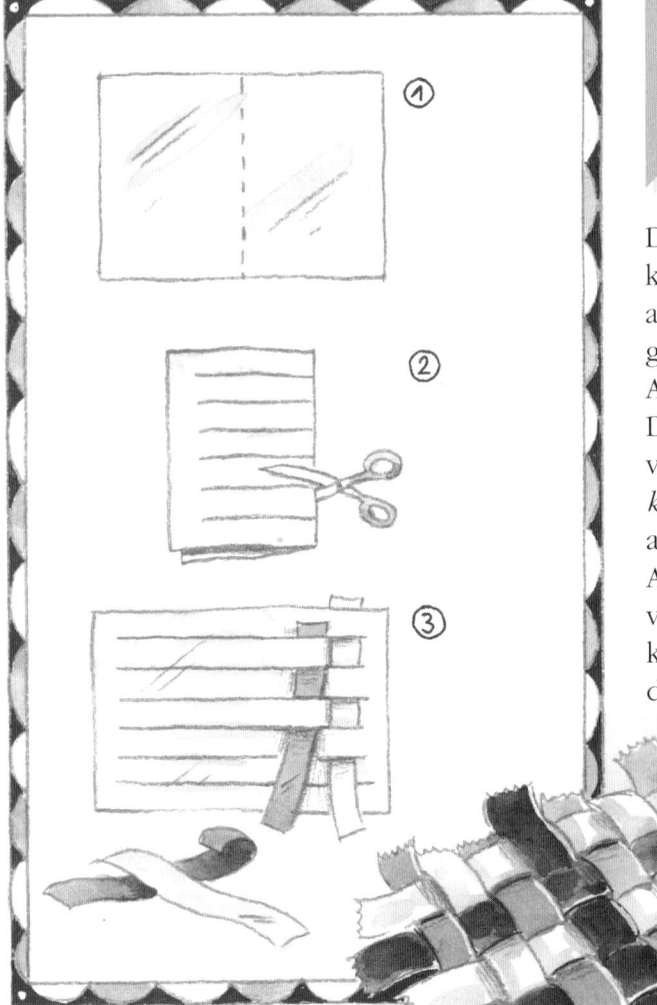

Mit Glitzerpapier

Dieses Prachtexemplar von Glitzerteppich wird die Kinder begeistern. Es könnte daraus eine kleine Tischdecke für die Muttertags-Mami werden oder ein Wandschmuck für die Oma oder ein Einbandpapier für das dicke, große Märchenbuch. Doch zuerst muss es natürlich gemacht werden, und das geht so:

Material:

glitzerndes Geschenkpapier, z. B. durchsichtiges Folienpapier,

Weihnachtsfolie, Alufolie

Schere

Klebstoff

Die Kinder wühlen und wählen in der Papierkiste (siehe Seite 5) schöne Papiere und Folien aus, glitzern sollten sie und groß genug für lange Streifen sein.

Als Webrahmen ist eine festere Folie geeignet. Diese falten die Kinder zur Hälfte, schneiden vom Falz her viele lange Schlitze ein (*Wer kann's?*, S. 64) und falten es wieder auseinander.

Aus den Glitzerpapieren schneiden die Kinder viele dicke und dünne Streifen, weben sie ein, kleben sie am Papierrahmen an und schneiden die überhängenden Seiten ab.

Mit Buntpapier

Material:
Flechtblätter (gekauft) oder Buntpapier
Schere
Klebstoff

Haben die Kinder etwas Übung und Fingerfertigkeit im Weben mit Papier, dann können sie sich an die Papierflechtarbeit mit den dünnen Flechtblättern heranwagen.
Für die benötigten Querstreifen schneiden die Kinder den Rand des Flechtblattes weg, dann fallen viele dünne Papierstreifen ab.

Flechtblätter selbst gemacht

Viel phantasievoller wird die Papierflechtkunst, wenn die Kinder den Papierrahmen und die Flechtstreifen selber vorbereiten. Dazu ein paar Ideen:

- Den Rahmen aus einem Papier ausreißen, so dass er eine unregelmäßige Form bekommt, dann Längsschnitte einschneiden.
- Unterschiedlich breite Papierstreifen zuschneiden und einweben.
- Das Papier für Rahmen und Streifen selber färben oder marmorieren (*Wer kann's?*, S. 44).
- Auf Rahmen oder Streifen Glimmer kleben.
- Für die Querstreifen ein Kalenderbild in Streifen schneiden und diese in genau gleicher Reihenfolge einweben, so dass das Bild wieder zum Vorschein kommt.

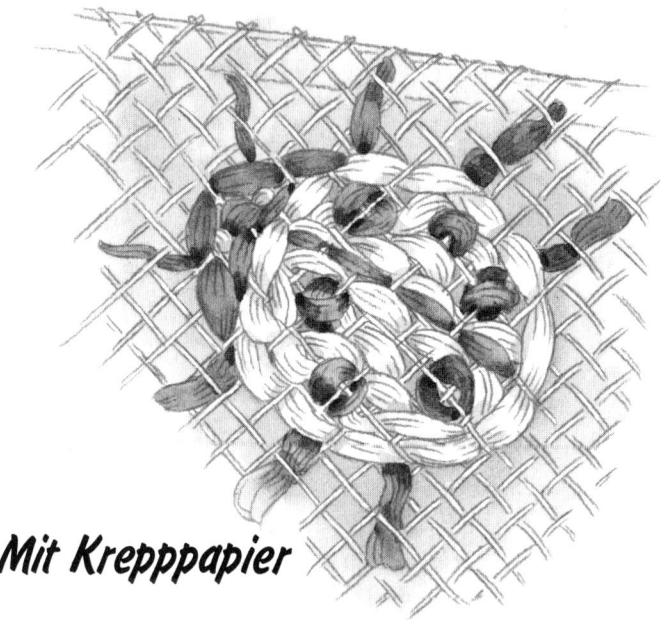

Mit Krepppapier

Material:
Krepppapier
Schere

Gartenzaun-Weben

Das ist eine verrückte Idee, welche die Kinder begeistern wird und die Nachbarn in Staunen versetzt. Alles, was man dazu braucht, ist ein Sonnentag, ein Sommerfest und ein Gartenzaun aus Maschendraht, und heraus kommt ein bunter Zaun, geflochten und gewoben mit bunten Krepppapierstreifen. Da sind Muster und Linien und kleine Bildmotive wie Sonnen und Herzen zu sehen, und alle Kinder haben mitgemacht!
Wie soll das gehen? Ganz einfach:
Zuerst schneiden die Kinder aus den Krepppapieren viele Streifen und diese ziehen sie zwischen den Maschen des Gartenzaunes hindurch, auf-ab-auf-ab. Die überstehenden Enden der Streifen hängen einfach herab und können lustig im Wind flattern.
Eines sollten Sie dabei beachten: Der Regen wäscht die Farben der Krepppapiere aus. Ist also eine Regenwolke in Sicht, lieber auf den nächsten Sonnentag warten oder anstatt Krepppapier Stoffstreifen nehmen.

Fingerweben

Manche sagen zu dieser Technik auch Fingerstricken, doch vom Vorgang her ist es beides zugleich, ein Weben und ein Stricken. Wenn Sie die Beschreibung lesen, werden Sie auf den ersten Blick meinen, es sei kompliziert. Ist es aber gar nicht, sondern kinderleicht und in vielen Kindergärten eine Zeit lang der Hit! Erst mal auf den Dreh gekommen, wollen die Kinder gar nicht mehr aufhören. Also, wie wäre es, wenn Sie jedem Kind einzeln das Fingerweben zeigen und dann setzen sich alle in die Kuschelecke, Sie lesen eine Geschichte vor und die Kinder weben diese langen, dünnen Schläuche.

Langer Schal

Material:
Wolle

Drei bis fünf Schläuche, in unterschiedlichen Farben und an den Enden zusammengeknüpft, werden zu einem dicken, bunten Schal.
Wie das Fingerweben geht und wie so ein Schlauch entsteht, das ist im Folgenden beschrieben.

- Zu Beginn die gespreizten Finger einer Hand hochhalten und die Handinnenfläche zu sich herdrehen. Den Wollfaden von vorne her zwischen Daumen und Zeigefinger nach hinten führen, mit dem Faden nacheinander jeden Finger einzeln umrunden, und am Ende den Faden herunterhängen lassen. Die erste Reihe ist geschafft.
- Jetzt sitzt jeder Finger in einer Fadenschlaufe, die man etwas nach unten schiebt, damit sie nicht über den Finger rutscht.

- Nun den hängenden Faden vorne an den Fingern auf die andere Seite führen, und zwar – und darauf kommt es an – oberhalb der Fingerschlaufen. Dann den Faden wieder zwischen Daumen und Zeigefinger nach hinten hängen lassen.
- Die Fingerschlaufen einzeln hochziehen und über die Fingerspitzen führen. Der Querfaden bleibt dazwischen – und bildet die nächsten Fingerschlaufen .
- Jetzt wieder den herabhängenden Faden vorne herum um Hand legen.
- Und wieder die Fingerschlaufen einzeln über die Finger ziehen.

So geht es immer weiter.

Nach etwa 10 Runden kann man probeweise am Anfangsfaden ziehen und sehen, wie sich das Gewebte zu einem Schlauch zusammenzieht.

Zum Schluss den Wollfaden abschneiden und die letzten Schlaufen fest zusammenziehen, so dass sich ein Knoten bildet.

120

Auffädeln

▶ Erst mal ausprobieren

Material:
Papprollen
Wollfaden oder Schnur

Auf dem Tisch liegen viele Papprollen und Schnüre. Damit probieren die Kinder das Auffädeln, nehmen also eine Schur und lassen diese durch eine Röhre gleiten. Aber jetzt ist schon viel zu viel erklärt! Die Kinder sollen es alleine versuchen und selber entdecken, wie es am geschicktesten geht.

Ihre aufgefädelten riesenlangen Papprollenketten hängen sie kreuz und quer im Zimmer auf, das ist ein toller Zimmerschmuck für Fasching und Kinderfest! Die Kinder können zusätzlich durch jede Rolle ein extra Krepppapierband ziehen und herunterbaumeln lassen.

▶ Weitere Experimente

Alle möglichen Dinge liegen auf dem Tisch, als „Fädel-Schnur" z. B. Blumendraht, Basteldraht, dicke Wolle, dünnes Garn, Fäden, Nylonfäden, Lederband und Geschenkband, zum Auffädeln vielleicht Perlen mit großen und kleinen Löchern, Rollen, Serviettenringe, Vorhangringe, Plastikringe, Pailletten. Die Kinder zeigen und berichten, was bei ihren Versuchen einfach oder schwierig aufzufädeln war.

Tatzelwurm

Material:
5–8 Klopapier-Papprollen
oder selbstgeklebte Papprollen
Buntpapier
Klebstoff
eventuell Kleister und Papier
Schnur
Schere
Nagel
Stab

Die Pappröhren sollten alle gleichgroß sein. Sie werden zuerst mit bunten Papierschnipseln beklebt (*Wer kann's?*, S. 59) oder mit bekleistertem Papier bezogen (*Wer kann's?*, S. 10). Welche Farbe? Nun, es kommt darauf an, wie der Tatzelwurm aussehen soll, vielleicht grün wie eine Schlange oder bunt wie ein Fabeltier?

Alle Rollen werden aufgefädelt und mit langen Fadenenden an den Stab geknüpft. Damit der Kopf schön wackelt, wird er nicht mit aufgefädelt, sondern mit einer kleinen Schlaufe an der danebenliegenden Rolle festgebunden. Dafür in diese beiden Rollen kleine Löcher bohren (*Wer kann's?*, S. 128). Die Kopf-Rolle gestalten die Kinder extra, z. B. mit Kulleraugen, großen Nasenlöchern und einer heraushängenden spitzen Zunge, alles aus Papier ausgeschnitten und aufgeklebt.

Übrigens: Tatzelwürmer sind naseweis und wollen den ganzen Kindergarten sehen. Draußen im Garten tanzen sie gerne auf der Wiese oder springen über Stock und Stein.

Biegepüppchen

Material:
viele Perlen
eine Holzkugel mit Loch für den Kopf
Basteldraht
Faden
Papier
Stoffrest
Filzstifte

Den Holzkugelkopf auf ein langes Stück Draht schieben und zwar genau in die Mitte. Die beiden Drähte unterhalb der Kugel ein paar Mal miteinander verdrillen. Das sind Kopf und Hals des Püppchens.

Nun fädeln die Kinder auf diese beiden Drähte noch viele Perlen auf, daraus werden Körper und Beine mit dicken Perlen als Füße. Und wie halten die Perlen und kullern nicht heraus? Das sollten die Kinder selber herausfinden! Die überstehenden Drahtenden dann abschneiden. Für die Arme auf Draht eine weitere Perlenreihe auffädeln, mit dicken Kugeln als Hände, den Draht in der Mitte biegen und um den Hals der Figur schlingen.

Als Kleid einfach ein Stück Stoff um den Körper wickeln und am Hals mit einem Faden festbinden. Wie wäre es mit einem Papierhütchen (*Selbst gemacht!* Siehe Seite 76)? Das Gesicht mit Filzstiften aufmalen. Fertig!

Jeden Tag sucht sich das Biegepüppchen einen anderen Platz aus, mal turnt es auf dem Bücherregal herum, mal hängt es an der Vorhangstange, mal liegt es gemütlich in der Puppenhängematte. Ach, übrigens, wie soll die Puppe denn heißen?

Einfädeln

Also, wer das wirklich lernen will, kommt an den Basteltisch, dort liegt alles bereit.

▶ *Erst mal ausprobieren*

Material:
Nadeln mit dicken und dünnen Ösen
und mit stumpfen und spitzen Nadelspitzen
Fäden und Garne in verschiedenen Stärken
Nadeleinfädler, Basteldraht, Papier
Schere

Die Kinder begutachten die Nadeln, die auf dem Tisch liegen. Wer will mal eine Nadelspitze berühren? Hat es gepiekst? Und das Loch in der Nadel heißt Nadelöhr! Die Kinder kichern, denn das klingt wie Nadel-Ohr. Sieht es nicht auch ein bisschen so aus? Auch die Fäden und Garne vergleichen und betasten die Kinder.

Dann kommt das Ratespiel mit dem Einfädler: Was ist das für ein Ding und wozu könnte man es brauchen?

Nun zeigen Sie, wie das Einfädeln geht und wie Sie sich helfen, wenn es nicht geht:

...mit dem Papierstreifen: Er muss schmaler als das Nadelöhr sein, wird geknickt, der Faden dazwischen gelegt und beides durch das Nadelöhr geschoben.

...mit dem Nadeleinfädler: Diesen schiebt man zuerst durch das Nadelöhr, fädelt in die Schlaufe den Faden ein, zieht den Einfädler wieder heraus – und der Faden ist drin.

...mit dem Basteldraht: Da biegt man eine dünne Schlaufe und gebraucht diese wie den Nadeleinfädler.

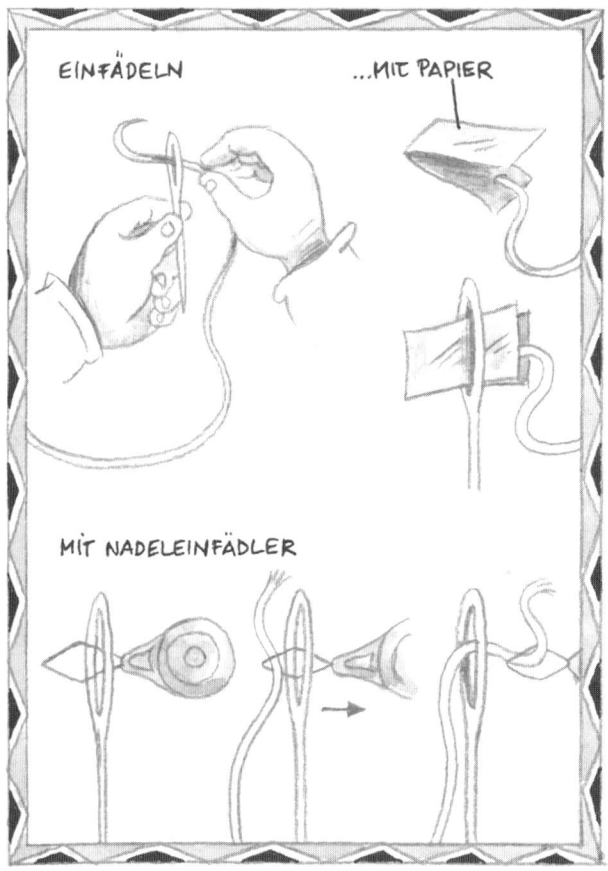

123

Nähen

▶ Erst mal ausprobieren

Wer kommt in die Schneiderecke? Natürlich sind auch hierbei nicht nur die tapferen Schneidermädchen eingeladen, sondern auch die Schneiderjungen! Also, los geht's!

Material:
dünner Pappkarton
Schere
Garn
Stopfnadel

Die Pappe in Postkartengröße zurechtschneiden, es kommt dabei nicht auf eine exakte Form an.

Dann versuchen die Kinder das Garn einzufädeln und mit Nadel und Faden einen großen Stich in die Pappe zu nähen. Achtung, vorher einen Knoten machen, damit der Faden nicht wieder herausrutscht! Und wieder die Nadel durch die Pappe stechen, durchziehen, nach oben durchstehen und den Faden hinterziehen. Das war's! Gleich noch einmal!

Diese ersten Nähversuche der Kinder sollten wirklich von allen extra beachtet und bestaunt werden! Da gibt es kein falsch und richtig, sondern ein anerkennendes „Gut gemacht!".

Die Nähstunde geht weiter und die Kinder nähen neue Fadenspuren auf neue Karten, mit kleinen oder großen Stichen, kreuz und quer und rundum, gerade wie es den tapferen Schneiderlein gefällt.

Mit jedem Mal geht es besser und das nennt man Üben!

Im Zoo

Material:
Karten
Malstifte
Stopfnadel
buntes Garn
Schere

Auf dünne Kartons oder Karten malen die Kinder jeweils ein Tier aus dem Zoo, also z. B. Löwe, Bär, Krokodil, Affe oder Elefant. Doch in einem Zoo sind diese Tiere in Käfigen oder hinter hohen Gitterzäunen. Deshalb müssen auch die Tiere auf den Bildern hinter Gitter. Und diese Gitterstäbe entstehen mit Nadel und Faden. Also wird zuerst ein langer Faden abgeschnitten, eingefädelt und ein Knoten in das Fadenende geknüpft, damit der Faden beim Nähen nicht herausrutscht. Dann über das ganze Bild lange Stiche nähen, so hoch und so lang und so dicht, wie das Gitter eben werden soll.

Knöpfe annähen ....

Na, haben die Kinder vielleicht Spaß daran, auch mal Knöpfe anzunähen? Nein, natürlich nicht die Knöpfe an Jacken und Hosen, sondern an Bildern!

▶ *Erst mal ausprobieren*

Material:
Knöpfe aller Art
spitze und stumpfe Nadeln
Fäden
Filz oder anderer dicker Stoff
Schere

Ein Kind darf die Knöpfe-Sammel-Kiste schwungvoll auf dem Tisch auskippen, so dass alle Knöpfe durcheinander kullern. Welche sind groß, welche klein, welche haben zwei Löcher, welche vier, welche keines und dafür eine Öse? Mit diesen Fragen machen Sie die Kinder auf die unterschiedlichen Knöpfe aufmerksam.

Dann wird es ernst: Jedes Kind nimmt einen großen Knopf mit zwei Löchern, Nadel und Faden, fädelt ein, sticht mit der Nadel in das eine Loch des Knopfes hinein und durch das andere wieder hinaus. Da baumelt der Knopf auch schon am Faden. Es hat geklappt!

Beim nächsten Versuch den Knopf auf ein Stückchen Filz oder Stoff legen, von oben durch Knopf und Filz hindurchstechen, so dass Nadel und Faden auf der Rückseite heraus kommen, den Stoff samt Knopf umdrehen und wieder zurückstechen, diesmal durch das andere Loch im Knopf. Und jetzt einfach die beiden Fadenenden dicht über dem Knopf miteinander verknoten. Das genügt, das hält und sieht sehr witzig aus!

Auf diese Weise näht und knüpft jedes Kind ein buntes Knopfbild!

Mit Stoff nähen

Was? Die Kinder können nähen? Na klar, wenn Sie es ihnen genau zeigen, wenn die Ansprüche an Exaktheit den kindlichen Fertigkeiten angepasst werden, wenn aus den Handarbeiten Sachen entstehen, die die Kinder gerne haben wollen, dann klappt das! Dazu ein paar Beispiele.

Schmusekissen

Ist der Lieblingspullover zu klein geworden und soll weggeworfen werden? Was für ein Drama! Doch schnell sind die Kindertränen getrocknet, wenn die Kinder von diesem Schmusekissen hören, das sie selber machen können, wenn sie Nähen und Schneiden gelernt haben. Und das geht so:

Material:
alter Kinderpullover
Nadel und Faden
Schere
Füllwatte oder Naturwolle

Den Pullover auf den Tisch legen, Ärmel, Schulter- und Kragenpartie wegschneiden. Den Pullover umkrempeln, so dass die Innenseite nach außen kommt, und rundum alles zunähen. Nur der Pulloversaum bleibt noch offen. Es kommt nicht auf gerade Nähte und gleichmäßige Stiche an. Sollten die Stiche zu groß sein, näht man ein zweites Mal darüber. Den Pullover wieder umkrempeln, jetzt sieht er schon sehr nach Kissen aus! Dieses mit Füllwatte ausstopfen, schön weich und kuschelig, und am Pulloversaum zunähen. Fertig ist das Schmusekissen und riecht zudem nach einem selber, so wie es sich für Schmusesachen gehört!

Teddybär

Wer weiß, wie es geht, der kann seinen Teddy selber nähen. Oder soll es lieber eine Schmusekatze oder Murmelchen, das Phantasietier, werden? Egal – wer mitmachen will, kommt zum Nähtisch, wo alle Materialien vorbereitet sind und Sie den Kindern die einzelnen Arbeitsschritte in aller Ruhe erklären und auch zeigen.

Wer nach kurzer Zeit seine Konzentration und Geduld verliert, der darf seine Handarbeit einfach zur Seite oder besser noch in eine extra dafür gebastelte Schachtel (Wer kann's?, S. 82) legen. Er kann ja später wieder zum Nähtisch kommen oder erst am anderen Tag. Hauptsache, die Kinder arbeiten nur an ihrem Teddy, wenn sie Lust dazu haben und begeistert bei der Sache sind. Dann nämlich arbeiten sie sorgfältiger und konzentrierter.

Also, wer Stoff zuschneiden (siehe Seite 70), einfädeln (siehe Seite 123), nähen (siehe Seite 124) und Knöpfe annähen (siehe Seite 125) kann, der kann auch diesen Teddy nähen.

Material:
weicher Stoff oder ausgedientes T-Shirt
Schere
Lineal
Stift
Knöpfe
Nadel und Faden
Füllwatte oder Naturwolle
Wolle

● Aus dem Stoff ein Quadrat ausschneiden, ca. 30 x 30 cm. Wer das nicht Freihand kann, sollte das Lineal zu Hilfe nehmen, ausmes-

126

sen, Striche aufzeichnen und entlang der Linie ausschneiden. Wie das geht, ist schnell gelernt.

- Den Stoff zur Hälfte zusammenlegen und zusammennähen, nur die untere Seite muss noch offen bleiben.

  Die Nähstiche sollten diesmal klein ausfallen, damit die Fülle nicht herausquillt, wenn die Kinder ihren Teddy knuddeln wollen.

- Den Stoff wieder umkrempeln, so dass die Nähte innen sind, und mit Watte locker auffüllen. Nun an der unteren Kante einen Saum nach innen falten, damit der Stoff später nicht ausfranst, und diesen Saumrand zusammennähen.

Und so wird aus dem Kissen der Teddy:

Das ausgestopfte kleine Ding auf den Tisch legen und so zurechtdrücken, dass die Teddyfigur zu erkennen ist. Dann wird wieder genäht – diesmal allerdings mit einer langen Nadel, weil die Nähstiche durch Watte und Stoff gehen. Dabei den Faden nach jedem Stich etwas anziehen und am Ende gut verknoten.

- Als **Ohren** die Ecken oben rechts und links abnähen, vorher die Füllwatte aus diesen Ecken etwas herausschieben.
- Als **Augen** zwei Knöpfe annähen, wobei es egal ist, wenn beim Annähen etwas Füllwatte dazwischen kommt.
- Als **Schnauze** mitten im Gesicht den Stoff hochziehen und als Kugelnase mit einem Faden abbinden, also fest umwickeln und verknoten.
- Als **Arme** rechts und links schmale Bögen abnähen.
- Als **Beine** von unten her eine Naht nähen.
- Als **Hals** die Stelle zwischen Kopf und Körper zusammenraffen und mit einem Faden abbinden, also umwickeln.

Wenn alle Teddybären fertig sind, feiern die Kinder natürlich Teddybären-Geburtstag. Und wie sollen jetzt die kleinen Kerlchen heißen?

Kleid oder Poncho

Soll der Teddy etwas zum Anziehen haben? Das hier ist ein kinderleichtes Modell und kann blitzschnell, ohne zu nähen, zugeschnitten werden.

Material:
Stoffrest
Schere
Band

Einen Stoff quadratisch zuschneiden. Wenn diese Form nicht ganz gelingt, wird trotzdem ein schönes Kleid daraus. In die Mitte des Stoffes einen Schlitz einschneiden, so dass der Teddykopf durchschlüpfen kann, den Umhang dem Teddy über den Kopf ziehen und um den Bauch mit einem Band festbinden.

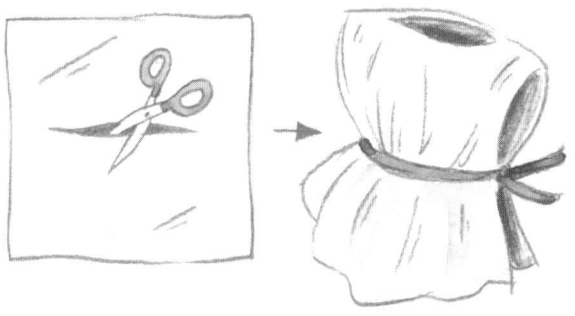

Bohren und Hämmern

„Wie, was?" werden Sie vielleicht verwundert fragen, „Kinder sollen mit Hammer und Nägeln umgehen und dann noch Löcher bohren?" Ja, und das geht sogar prima, was die Erfahrungen in vielen Kindergärten beweisen. Einen Hammer bekommen die Kinder jederzeit in ihre Hände. Und wie groß ist dann die Lust, damit heftig und mit aller Kraft auf etwas draufzuschlagen! Also, bevor die Kinder unsachgemäß und heimlich mit Hammer und Nägeln umgehen und sich und andere dabei verletzen, ist es tausendmal besser, Sie zeigen den kleinen HandwerkerInnen, wie sie die Werkzeuge richtig in die Hand nehmen und auf was sie achten müssen, damit nichts passiert! Diese Information ist der beste Schutz, den Sie den Kindern geben können.

Wie begeistert die Mädchen und Jungen mitmachen, wie sie Ausdauer zeigen und mit ein bisschen Übung geschickt und sicher mit den Werkzeugen umgehen, das werden Sie selber beobachten können.

Löcher bohren

Mit Löchern kennen sich die Kinder aus: Sie schaufeln tiefe Löcher in den Sand, graben mit dem Finger Löcher in die Knete. bohren mit der Schere Löcher ins Papier. Und dann gibt es noch die Löcher, die sie in den Pulloverärmel reißen oder in Vorhänge schneiden, doch das sind andere Geschichten.

Das Ziel bei dem nachfolgenden Spiel ist, den Kindern Sachwissen und Erfahrung zu vermitteln, damit sie zukünftig bei ihren Bastelarbeiten genau wissen, welches Werkzeug bei welchem Material wie eingesetzt wird, um das passende Loch zu bekommen.

▶ *Erst mal ausprobieren*

Material:
Papiere, Stoffe, Folien aller Art
Bastelkram wie z. B. Kronkorken, Korkplatten, Deckel, Plastikdeckel, Foliendeckel

und als Werkzeug:
Schere
Nägel und Schrauben in verschiedenen Größen
Stricknadeln, Stecknadeln
Schraubenzieher
Ahle

Wer mitmachen will, setzt sich an den Werktisch. Dort liegen die Materialien und in einer extra Schachtel das Werkzeug bereit.

Wer will beginnen? Der nimmt sich etwas vom Materialberg und überlegt, mit welchem Werkzeug er ein Loch hineinbohren könnte. Das wird auch gleich ausprobiert. Die anderen schauen genau zu und wer will, macht es nach, reihum, nacheinander, einzeln. Dann besprechen die Kinder ihre Erfahrungen, z. B. ob das einfach oder schwierig war, ob sie viel Kraft zum Drücken und Bohren brauchten oder ob es lässig leicht ging.

Danach kommt die nächste Spielrunde. Wieder sucht sich ein Kind Material und Werkzeug aus, bohrt ein Loch, die anderen machen es reihum nach und tauschen wieder ihre Erfahrungen aus.

Bei dieser Spielregel haben Sie den besten Überblick und können vor allem aufpassen, ob die Kinder die spitzen Werkzeuge richtig halten und auch wieder in die Werkzeugschachtel zurücklegen.

Dazu drei wichtige Regeln für die Kinder:

Regel Nr. 1:
Wer ein Werkzeug in der Hand hat, muss immer darauf schauen!

Regel Nr. 2:
Wer das Werkzeug geholt hat, muss es auch wieder in die Werkzeugschachtel zurücklegen.

Regel Nr. 3:
Du darfst denjenigen, der ein Werkzeug in der Hand hat, nicht schubsen, nicht stören, nicht ärgern!

▶ *Weitere Experimente*

Material:
verschieden starke Papiere
Pappen, Bierdeckel,
Alufoliendeckel, dünne Plastikdeckel
leere kleine Schächtelchen
Nägel aller Art und Größe

Wieder ist der Werktisch der Treffpunkt, denn da macht es nichts aus, wenn Kinder auch mal Löcher in die Tischplatte pieksen. Es können leider nur so viele Kinder mitmachen, wie um den Werktisch passen.

Alle drei Regeln (siehe oben!) werden noch einmal wiederholt, dann kann es losgehen. Die Kinder probieren nun selber, wie sie mit den Nägeln die besten Löcher bohren oder durchdrücken. Die HandwerkerInnen können ihre Ergebnisse den anderen zeigen, sich auch beraten und einander helfen.

Und Sie können mit ein paar Fragen die Forscher-Aktivität der Kinder ankurbeln, z. B. so:

● Kannst du zwei oder drei Papiere gleichzeitig durchbohren?
● Klappt das auch mit zwei oder drei Pappen?
● wenn du auf eine Streichholzschachtel einen Bierdeckel legst, wie kannst du da ein Loch durch beide Teile bohren?

Bewegliche Figuren

Hampelmänner, die zappeln, Raupen, die krabbeln, Igel, die losflitzen!
Diese beweglichen Figuren können die Kinder basteln, vorausgesetzt, sie beherrschen die Kunst des Löcher-Bohrens!

Raupe Nimmersatt

Material:
Pappe
Trinkglas
Stift
Buntpapier oder Wasserfarben
Pfeifenputzer
zwei dünne Stäbe
Klebeband
Schere
Hammer und Nagel
Musterklammern

Mit Hilfe des Glases zeichnen die Kinder auf Pappe sieben Kreise, schneiden diese aus und bekleben sie mit Buntpapier in einer phantasievollen „Raupenfarbe" oder malen sie mit Wasserfarben an.
Nun geht es an das Löcherbohren: Alle Scheiben brauchen zwei Löcher, jeweils rechts und links am Rand. Kopf- und Schwanzscheibe benötigen nur ein Loch. Zum Zusammenbauen jeweils zwei Scheiben so zusammenschieben, dass das linke Loch der einen über dem rech-

ten Loch der anderen liegt. Eine Musterklammer durchstecken und festklemmen und so weitermachen, bis alle Scheiben aneinander hängen. Der Raupenkopf bekommt Buntpapieraugen aufgeklebt und zwei Pfeifenputzerfühler aufgesteckt, für die extra Löcher gebohrt werden.
Geführt wird die Raupe an zwei Stäben, die mit Klebeband an der ersten und letzten Scheibe befestigt sind.
Was wollen die Kinder damit spielen? Natürlich die Geschichte von der Raupe Nimmersatt!

Hase und Igel

Ja, der Igel ist schneller, nicht nur, weil er mit seiner Frau die Rollen tauscht, sondern auch, weil er hier mit seinen Rädchenfüßen so schnell flitzen kann.

Material:
weiße Pappe
Buntstifte
Schere
Hammer und Nagel
Musterklammer

Die Kinder malen einen Kreis auf Pappe und schneiden diesen aus. Auf die Scheibe malen sie von der Mitte aus und im Kreis herum vier Igelbeinchen und bohren dann durch die Mitte ein Loch.
Den Igelkörper malen die Kinder auf Pappe und schneiden ihn grob aus. Er muss so groß sein, dass der Kreis mit den Beinen dahinter nur zur Hälfte hervorschaut. In den Igelkörper auch ein Loch bohren, eine Musterklammer

durchschieben und hinter dem Pappkörper den Kreis mit den Beinen locker festklemmen. Und ab geht es mit flinken Igel-Beinchen über den Basteltisch: Die Rolle rollt so schnell und es sieht aus, als würde der Igel losflitzen.

Und der Hase? Na, der sitzt als Pappfigur da und wundert sich. Oder wollen die Kinder auch ihn mit Rädchen-Beinen ausstatten?

Hampelmann

Material:
weiße Pappe
Buntstifte oder Filzstifte
Schere
Musterklammern
Ahle
Faden

Zuerst malen die Kinder den Hampelmann, und zwar nur Kopf und Körper, dann Beine und Arme extra und ein bisschen länger als üb-

lich, weil beim Zusammenbauen ein kleiner Teil von Armen und Beinen hinter dem Körper verschwindet. Alles anmalen und großzügig ausschneiden.

Jetzt werden Arme und Beine an den Körper gelegt, dann stechen die Kinder mit der spitzen Ahle die Löcher, um mit Musterklammern Arme und Bein am Körper festklemmen zu können.

Jetzt kann der Hampelmann also seine Arme und Beine bewegen.

Wenn er richtig hampeln soll, geht es so weiter: In jeden Arm und jedes Bein kommt jeweils ein weiteres Loch, am besten neben die Musterklammern. Durch jedes diese Löcher einen Faden durchziehen und verknoten. Alle Fäden baumeln herunter, werden unterhalb der Figur abgeschnitten und miteinander verknüpft. Zieht ein Kind an dem Fadenbündel, reißt der Hampelmann seine Arme und Beine mit Schwung in die Höhe.

Tipp: Es muss nicht immer ein Hampelmann sein. Wie wäre es mit Pumuckl als Hampelfigur? Die Basteltechnik ist die gleiche!

Hämmern

Bald werden die Kinder entdecken, dass sie dicke Materialien nicht einfach so mit einem Nagel durchstoßen können, da fehlt die Kraft. Was tun? Ein Kind wird sicher auf die richtige Spur kommen: Wir brauchen einen Hammer zum Draufschlagen, dann geht es!

Prima! Recht gehabt! Und das ist nun der richtige Augenblick, wo Sie den Kindern den Gebrauch des Hammers zeigen können. Denn jetzt wollen es die Kinder genau wissen und werden aufmerksam zuschauen.

▶ *Erst mal ausprobieren*

Material:
kleine und große Hämmer
auch Holzhämmer
dicker, breiter, stabiler Holzblock
Papier
Pappe, Wellpappe
Knete
kleine Schachteln
Joghurtbecher
Alufoliendeckel

Die unterschiedlichen Hämmer liegen auf dem Werktisch. Die Kinder nehmen sie in die Hand und vergleichen. Und wer will, der kann mit seinem Hammer auch auf den Holzblock donnern. Bärenstark fühlen sich da die Kinder! Und Sie können nebenher beobachten, wer von den Kindern Links- oder Rechtshänder ist. Mit dieser Hand sollte das Kind zukünftig den Hammer halten.

Als Nächstes bekommen die Kinder kleine Aufgaben, z. B.:
● Mit dem Hammer auf eine Streichholzschachtel zielen: Geht prima, die Schachtel wird platt.
● Einen Kneteklumpen platt hämmern: Geht mit einem Schlag, weil die Knete so weich ist.
● Einen Joghurtbecher mit dem Hammer treffen: Geht nicht, der Becher rollt weg.
● Auf Wellpappe oder Alufoliendeckel hämmern: Da sieht man den Abdruck des Hammers.
● Mit dem Hammer auf ein Schnipselchen Papier treffen: Das ist gar nicht so einfach!

...mit viel Kraft

Nach ein paar Versuchen bekommen die Kinder selber heraus, wie sie den Hammer am besten in der Hand halten, um mit viel Kraft losdonnern zu können: Wer den Stiel am Ende packt, der kann kräftig losschlagen. Der Nachteil dabei ist, dass man nicht gut zielen kann.

...mit wenig Kraft

Und wer den Hammer ganz nahe am Eisenblock festhält, kann viel genauer zielen und besser treffen, hat aber nicht so viel Schwungkraft.

Nageln

▶ Erst mal ausprobieren

Material:
flaches, weiches Stück Holz oder Korkplatte
kleiner Hammer (Kinderhammer)
etwas längere, dickere Nägel

Zuerst klemmen Sie die Holzlatte zur Sicherheit an den Werktisch, damit sie nicht wegrutscht. Dann geht es los und Sie zeigen den Kindern ganz genau, wie man mit Hammer und Nagel umgeht:
Sie nehmen den Hammer und fassen ihn vorne am Block an, weil Sie ja diesmal den Nagel genau auf den Kopf treffen wollen. Sie nehmen einen Nagel, stellen diesen mit der Spitze auf das Holz oder die Korkplatte, halten den Nagel dicht unter dem Nagelkopf fest und pochen nun langsam und vorsichtig mit dem Hammer auf den Nagel. Nach ein paar leichten Schlägen sitzt der Nagel so fest, dass er nicht mehr umfällt.
Wer will es nachmachen? Und wer sich nicht getraut, schaut einfach zu!
Später können die Kinder verschieden große Hämmer und verschieden große oder kleine Nägel ausprobieren. Nur so lernen und erfahren sie, mit welchem Hammer und mit welchen Nägeln sie am besten hantieren können.

Ein Trick: Den Nagel zuerst durch einen kleinen Pappstreifen pieksen und beim Hämmern nur diesen Streifen festhalten.

Nagelbild

Material:
kleine Kork- oder Holzplatte
Nägel
Hammer
Wolle

Die Kinder hämmern viele Nägel in das Brett ein und zwar so, dass die Nägel nur ein bisschen eingeschlagen sind und weit herausstehen.
Dann geht es so weiter:
Den Wollfaden an einen Nagel knüpfen (*Wer kann's?*, S. 105), den Faden zu einem anderen Nagel spannen, den Nagel einmal umwickeln, den Faden zum nächsten Nagel führen, wieder umwickeln – und so geht es immer weiter, kreuz und quer über das ganze Bild. An einen Nagel kann man mehrmals einen Faden wickeln.

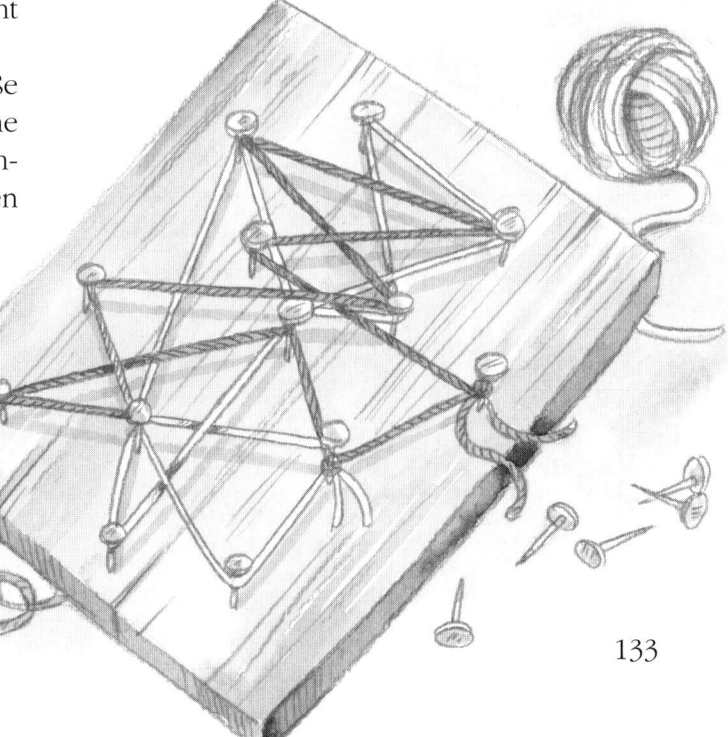

Tausendfüßler

Hier geht es richtig „zur Sache" und die kleinen HandwerkerInnen können loslegen, genauer gesagt loshämmern!

Material:
kurzes Kantholz
Nägel
Hammer
Wasserfarben und Pinsel
oder Fellstückchen und Klebstoff
Filzstifte

Der Tausendfüßler muss ja nicht gleich tausend Füße haben, ein paar weniger genügen auch.
Das Holzstück legen die Kinder auf den Tisch und hämmern in eine Seite so viele Nägel ein, wie es nur geht. Geschickte Kinder schaffen mehr. Aber darauf kommt es nicht an. Es ist auch völlig unwichtig, ob die Nägel alle senkrecht stehen. Im Gegenteil, krumm und schief sieht auch ganz lustig aus.
Dann das Holz umdrehen – und schon ist es ein Tausendfüßler geworden, der jetzt auf seinen vielen Beinchen steht.
Soll er auf dem Rücken ein Fell aufgeklebt bekommen mit langem Schwanz? Oder soll er ein buntes Fabeltier werden, mit Linien und Tupfen aus Wasserfarben? Braucht er vorne zwei kleine Fühler aus Polsternägeln? Sein Gesicht muss auch noch aufgemalt werden.
Und wenn alle Tausendfüßler auf dem Fensterbrett hintereinander herwandern, sieht das sehr putzig aus.

Stacheliger Igel

Material:
kleine Holzreste
Nägel
zwei kurze Nägel mit breitem Kopf
Buntpapier oder Filzstoff
Schere
Klebstoff
Filzstift
eventuell feuchter Lappen

Die Kinder suchen sich aus den Holzresten ein Stück heraus, das nach ihrer Ansicht schon ein bisschen nach Igel aussieht. Dann legen sie das Stück auf den Werktisch, eventuell auf einen feuchten Lappen, damit das Holzstück nicht wegrutscht, wenn man es bearbeitet.
Welche Stelle des Holzes soll der Kopf sein? Den Rest rundum mit Nägeln bespicken. Die Kinder klopfen so viele Nägel in das Holz, wie sie können. Nur die Unterseite bleibt ausgespart, denn da hat kein Igel Stacheln!
Nun bekommt der Igel seine Augen, das sind die Nägel mit breitem Kopf. Seine kleinen Ohren, ausgeschnitten aus Papier oder Filz, werden aufgeklebt und die kleine Schnauze mit Filzstift aufgemalt.
Wenn es die Kinder erlauben, können die stacheligen Kerlchen auch draußen im Garten, auf Treppen, Fensterbrettern oder im Sandkasten sitzen.

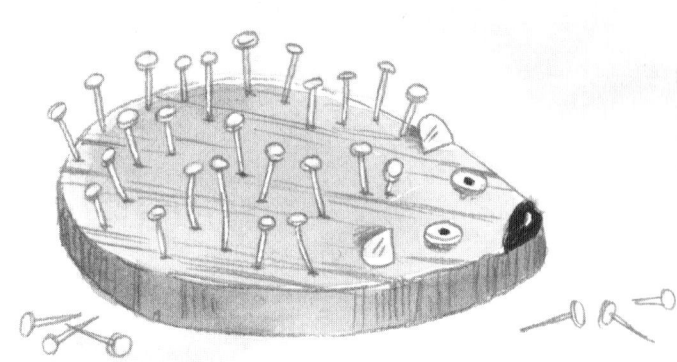

Labyrinth

Material:
Holzbrett
Stift
lange, dünne Nägel
Holzbeize
Pinsel
dicke Perle oder große Kugel

Auf das Brett mit dem Stift eine breite Schneckenlinie einzeichnen, so breit, dass die dicke Perle oder Kugel bequem durchrollen kann. Die Linie braucht nicht exakt rund zu sein, Hauptsache, die Spur endet in der Mitte. Und jetzt ist Geduld und Geschick gefragt: Die Nägel werden senkrecht und dicht nebeneinander entlang dieser Schneckenlinie festgehämmert. Sollten immer wieder einige Nägel schief stehen, macht das auch nichts. Das Spiel klappt trotzdem.

Zum Schluss oder am Anfang können die Kinder das Brett mit Holzbeize anmalen oder in ein Farbbad zum Marmorieren eintauchen (*Wer kann's?*, S. 48).

Das Spiel geht so:
Die Kugel in den Außenkreis der Schnecke legen und mit Drehen und Schaukeln der Holzplatte in die Mitte rollen lassen. Sollten ein paar Nägel zu weit auseinander stehen, so dass die Kugel durchfällt, einfach noch ein paar Nägel dazwischen einfügen.

Buntes Kunstwerk

Haben die Kinder Lust, ein Kunstwerk einmal weder zu malen noch zu kleben, sondern aufzuhämmern? Ganz viele kleine Sachen ganz dicht nebeneinander nageln – wie das wohl aussieht? Das wissen die Kinder erst, wenn sie damit fertig sind!

Material:
Holzbrett
Krimskrams wie Perlen, Pappsterne, kurze Bänder, Alu-Scheiben, Knöpfe
Nägel mit breiten Köpfen
Hammer

Die Werkarbeit beginnt mit Suchen und Sammeln. Das macht Spaß, überall nach Krimskramssachen zu kramen und zu stöbern! Schön wäre es auch, wenn die Kinder eigene kleine Bastelsachen hinzunehmen, z. B. Papierwindrädchen (siehe Seite 84), Schleifen (siehe Seite 104), Salzteigperlen (siehe Seite 97), gefaltete Goldpapiersterne (siehe Seite 67).

Liegen alle Krimskrams- und Bastelsachen auf dem Tisch, geht es ans Werk. Die Kinder wählen aus, verteilen die Dinge auf dem Bild und nageln alles auf. Diesmal sollten die Nägel nicht mehr so weit hervorstehen.

Als Aufhängevorrichtung zwei extra Nägel einschlagen und mit einer Schnur verbinden.

Diesmal ist vielleicht das Treppenhaus die neue Bildergalerie. Da dürfen die Kinder endlich auch mal einen Nagel in die Wand schlagen – für ihr Bild!

Musikinstrumentenbau

Löcher vorbohren, Löcher durchbohren, Nägel einschlagen, Nägel durchschlagen (siehe vorhergehende Seiten dieses Kapitels), Schnüre knüpfen und verknoten (*Wer kann's?*, S. 105) und Auffädeln (*Wer kann's?*, S. 121) – diese Techniken sind jetzt gefragt!

Zupfkasten

Material:
kleine Holzkiste
Farben, z. B. Holzbeize
Pinsel
lange dünne Nägel mit breitem Kopf
Hammer
Gummibänder

Xylophon

Material:
verschieden lange, kantige Holzstäbe oder Latten
Wasserfarben (*Selbst gemacht!* Siehe Seite 33)
Pinsel
Ringschrauben
Nagel
Hammer
dünne Schnur

Die kleine Holzkiste bemalen die Kinder bunt. Dann geht es mit Hämmern weiter: Auf zwei gegenüberliegenden Rändern eine Reihe Nägel einschlagen. Diese müssen weit herausstehen, denn daran werden quer über die Kiste einzelne Gummibänder geklemmt. Je straffer das Gummiband ist, desto besser ist der Ton zu hören. Unterschiedlich straffe Gummibänder haben unterschiedliche Töne. Beim Spielen zupft der Musikant an den Gummibändern.

Zuerst alle Hölzer bemalen und trocknen lassen. Dann müssen Ringschrauben eingedreht werden, das geht mit folgenden Arbeitsschritten:

1. Die Holzstäbe hochkant an den Werktisch festklemmen, so dass die Kinder das Loch senkrecht einhämmern können.

2. Mit Hammer und Nagel ein kleines Loch einschlagen.

3. Eine Ringschraube in dieses Loch eindrehen. Auf diese Weise in jeden Holzstab an einem Ende eine Ringschraube eindrehen und eine Schnur anknüpfen. Der kleinste Holzstab ist der Schlägel und bekommt als Schmuck bunte Bänder. Der längste Holzstab ist der Aufhängestab, er bekommt rechts und links eine Ringschraube eingedreht; daran die Aufhängeschnur befestigen. An diesem Stab werden auch alle anderen Hölzer mit der Schnur angebunden. Am besten ist es, die Holzstäbe der Größe nach aufzuhängen.

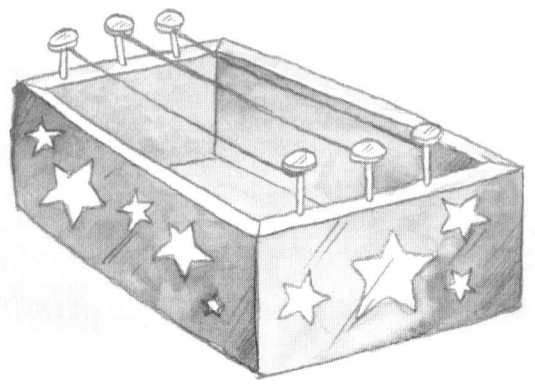

Klapper-Rassel

Die Astgabel wird als Rasselstab vorbereitet:
Auf der Innenseite links und rechts jeweils eine
Ringschraube eindrehen, dabei so vorgehen,
wie bei den Klangstäben beschrieben.
Die Schellen bzw. Klappern sind Kronkorken
und Deckel mit einem großen Loch in der
Mitte, das die Kinder mit Hammer und Nagel
durchgeschlagen haben.
Die Schellen und Klappern fädeln die Kinder
auf eine Schnur und binden sie straff zwischen
die beiden Ringschrauben.

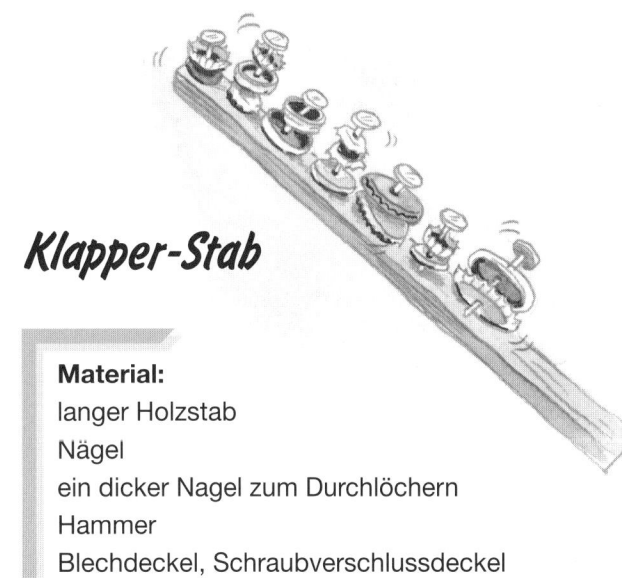

Klapper-Stab

Zuerst den Stab anmalen und trocknen lassen.
In der Zwischenzeit alle Deckel mit Hammer
und einem dickem Nagel in der Mitte durch-
löchern. Jeweils zwei oder drei Deckel mit einem Nagel direkt am Stab befestigen, und zwar
so, dass die Deckel locker wackeln und klappern, wenn der Musikant den Stab schüttelt
oder auf den Boden stampft.

Musik-Spiele

- Die Kinder singen ein Lied und klopfen,
  pochen und zupfen dazu auf ihren Instru-
  menten.
- Ein Kind beginnt ein freies Rhythmusspiel
  auf seinem Instrument, die andern stimmen
  nacheinander mit ein.
- Alle Kinder gehen musizierend im Raum umher, in der Mitte liegt ein Reifen. Wer in diesen Reifen steigt, darf als Solist sein Spiel
  fortsetzen, die anderen bleiben stehen und
  hören zu. Möchte der Musikant sein Spiel be-
  enden, springt er aus dem Kreis und die Kinder ziehen alle wieder musizierend weiter –
  bis sich ein anderes Kind für einen Solo-
  auftritt entscheidet und in den Reifen hüpft.

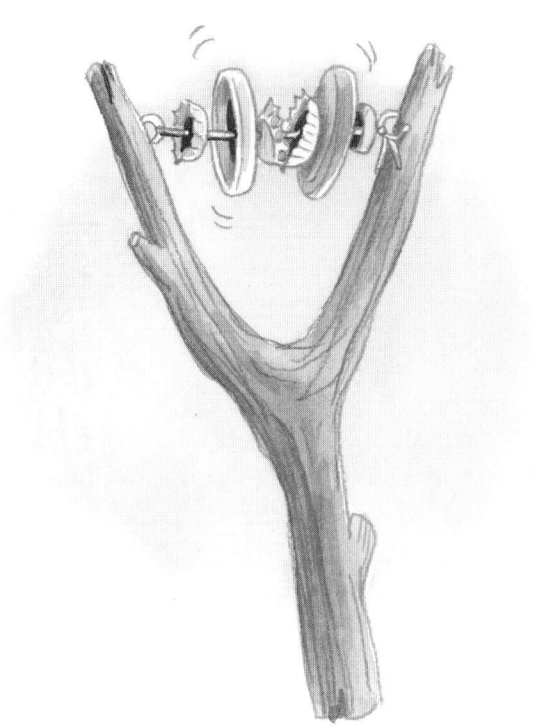

Holzarbeiten

Vorausgesetzt, die Kinder können mit Hammer und Nagel umgehen, dann werden sie von diesen Holzarbeiten begeistert sein.

Riesenmaul

Material:
vier gleichlange, breite aber dünne Holzlatten
Farben zum Bemalen des Holzes
Pinsel
Hammer
Nagel
Musterklammern

Zwei Holzlatten über Kreuz übereinander legen, in der Mitte mit Hammer und Nagel durchbohren, eine Musterklammer durchschieben und locker festklemmen. Wenn man jetzt an einer Seite die Latten packt und wie eine Schere auf- und zuklappt, dann klappt auch das andere Ende auf und zu.

Doch der Bastelspaß geht weiter:
Auch die beiden anderen Holzlatten auf diese Weise zusammenklammern. Beide Holzlattenkreuze nebeneinander legen und mit den Enden etwas übereinander schieben. An diesen Stellen ein Loch durch beide Latten bohren, eine Musterklammer durchschieben und so festklemmen, dass dennoch die Latten bewegt werden können. Was die Kinder auch gleich ausprobieren wollen! Und schwapp-schnapp, das Holzkrokodil kann kräftig zuschnappen. Ach so, es ist ja noch gar kein Krokodilmaul aufgemalt! Also:
Den Unterkiefer auf die untere Latte und den Oberkiefer und das Auge auf die obere Latte malen.

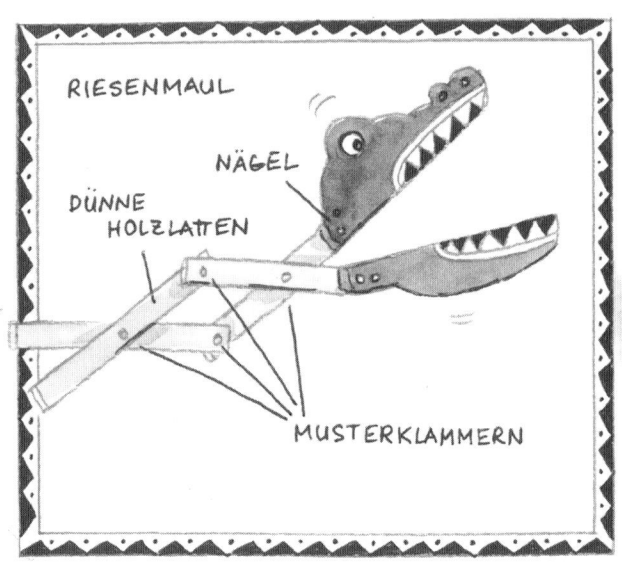

Holzkerle

Wenn viele Kinder einen Holzkerl machen, werden bald ebenso viele bunte Gesellen im Garten stehen und die bewundernden Blicke der Besucher auf sich ziehen.

Material:
lange Holzlatte
kleines Holzbrett
kleine Holzreste
Holzwolle
Schere
Nägel
Hammer
Stoff
alter Hut

Das Gesicht

Das Holzbrett ist das Gesicht. Das legen die Kinder vor sich hin und überlegen, welche Holzstückchen Augen, Nase, Ohren und Mund sein könnten. Ist alles entschieden, werden die Teile aufgenagelt – die Ohren natürlich seitlich! Dann ein paar Nägel auf den Kopf des Holzgesichtes festklopfen und mit Holzwolle als Haare umwickeln.

Der Körper

Jetzt sollten Sie mit Hand anlegen und beim Festnageln des Gesichtes an die Latte helfen. Mit ein paar Hammerschlägen sind die Kinder sicher dabei, aber das reicht meistens nicht aus und deshalb sind auch Ihre Kräfte gefragt.

Kleidung

Die Holzgesellen können Kopftücher, alte Sonnenhüte oder Pudelmützen tragen. Die Kinder können ihnen Schals weben (*Wer kann's?*, S. 120) oder aus Stoff große Ponchos zuschneiden (*Wer kann's?*, S. 127) oder einfach einen Stoff um den Körper wickeln und festbinden.

Der große Augenblick ist da, die Kinder packen ihre Holzfiguren, tragen sie in feierlichem Zug in den Garten und stellen sie auf: Entweder drücken sie die Latte in die Erde, binden sie am Gartenzaun fest oder stecken sie in mit Erde gefüllte Eimer. Und jetzt ist ein Gartenfest fällig! Viel Spaß!

Register

Theater-Spielsachen

Die Autorin

Gisela Walter, Diplom-Pädagogin

Sie wirkt ausgeglichen, lacht gerne und strahlt Lebensfreude aus. Sie sprudelt voller Ideen, ihr Engagement ist ansteckend, sie kann andere für eine Sache begeistern.

Wenn sie spricht hat sie aufmerksame Zuhörer, bei Kindern ist sie diejenige, die zuhört und fragt. Sie liebt auch die Ruhe, und wenn sie sich zurückzieht, ist sie ernst und nachdenklich.

Heute lebt sie in der Nähe von München, kennt den Trubel der Großstadt und genau so die Stille der Natur, wandert gerne im Allgäuer Bergland und macht am liebsten Ferien mit Kindern, bei sieben Patenkindern kein Problem.

Wenn sie etwas anpackt, macht sie es gründlich. Die sichere Lehrerstelle nach dem Studium sagte sie ab, sie wollte weiterlernen, mehr über Kindererziehung erfahren und studierte dazu die Fächer Pädagogik, Psychologie, Kinderpsychiatrie, Spielpädagogik, Soziologie. Mit diesem Wissen und einem tiefen Verständnis für Kinder kann sie Brücken schlagen zwischen Kindern, Eltern, ErzieherInnen und WissenschaftlerInnen. Sie vermittelt in ihren Seminaren und Büchern wie man liebevoll und kenntnisreich mit Ideen und Engagement die Kinder auf ihrem Weg ins Leben begleitet.

Und was sie sonst noch so alles macht:

Fortbildungen für ErzieherInnen, LehrerInnen und Eltern in Deutschland, Österreich, Südtirol und in der Schweiz.

Spielaktionen bei Stadt- und Straßenfesten, in Bibliotheken, Schulen und Kindergärten, mit 20 bis 200 Kindern im Alter von 2 – 12 Jahren.

Auftritte als Spielclown, zwei Jahre Dozentin an einer Fachschule, 12 Jahre Redakteurin in einem Kinder- und Jugendbuchverlag.

Autorin für Kinderbücher, praktische Handbücher für die Arbeit mit Kindern in Kindergarten, Schule und Freizeit, Fachartikel, Vorträge, Kinderfernsehen und Kinderhörkassetten.

Und darauf kommt es ihr an:

Die Umsetzung pädagogischer Ziele und Werte in konkrete, handlungs- und erlebnisorientierte Aktionen mit Kindern; Erziehung zur Selbstständigkeit, verantwortliches Sozialverhalten, realistisch-phantasievolle Lebensgestaltung.

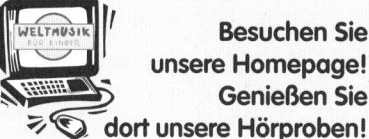